法隆寺コード

―キトラ・高松塚の軸線

野田正治
NODA *Masaharu*
建築家・目白大学特任教授

目　次

年表　右側は本書に関連する主な出来事　左側は建造物に関連する記事

建造物に関連する記事	天皇	年	主な出来事
磯城郡磯城島に遷都		540	
	欽明		百済聖明王より釈迦金剛仏像、幡蓋、経論贈られる(552)
欽明陵造営 百済大井に宮殿造営		571	
	敏達		百済より経論、律師、禅師、比丘尼、呪禁師、造仏工、造寺工が来る(578)
大野丘北塔建立(585)	用明	587	
飛鳥寺建立		588	
敏達磯長陵に葬られる(591)	崇峻		
四天王寺建立			崇峻殺害される
		593	
斑鳩宮造営(601)	推古（敏達の皇后）		男の大王が遣隋使を送る(隋書600)
聖徳太子斑鳩寺にて法華経(605)			
小墾田宮に遷宮(608)			遣隋使派遣 隋の使者が倭国へ来る(608)
難波から京まで大道を造る(613)			
欽明陵の域外に倭漢坂上直がすば抜けて高い柱を建てる(620)			聖徳太子死去(621)
馬子桃原墓に葬られる(626)			蘇我馬子死去(626)
		629	
	舒明		遣唐使(630)
			唐の使者が倭国へ来る(632)
飛鳥板蓋宮造営		642	山背大兄皇子殺害(643)
斑鳩宮焼失(643)	皇極		乙巳の変(大化の改新)：蘇我入鹿暗殺／蘇我蝦夷殺害／古人大兄皇子殺害
蝦夷甘樫館焼失 難波長柄豊碕に遷都		645	
	孝徳		
処々に大道を造る(653)		655	
飛鳥板蓋宮火災	斉明		
後飛鳥岡本宮造営			
		662	白村江にて唐・新羅連合軍に敗れる(663)
近江に遷都(667)	天智		
若草伽藍焼失(670)			藤原鎌足死去(669)
飛鳥浄御原宮遷宮			壬申の乱
		672	
橘寺火災(680)	天武		
新城(新益京)築造開始(681)			
天武陵造営 檜隅寺30年に限り100戸施入		686	
藤原宮造営開始(691)	持統		持統の子・草壁皇子死去(689)
藤原宮遷居(694)			
		697	持統の孫・文武に天皇譲位
天智陵造営(699)	文武		
			持統崩御(702)
文武陵造営		707	
平城京遷都(710)	元明		
法隆寺(西院伽藍)で法会		715	
	元正		藤原不比等死去(720) 『日本書紀』完成
		724	
	聖武		橘三千代(不比等の妻)死去733
鵤寺(西院伽藍)に食封200戸施入(738)			藤原四兄弟死去(737)
夢殿建立(739)			

法隆寺コード

序　論

高松塚とキトラ古墳の被葬者

凡《およ》そ建造物は、時間と空間のなかに存在し、人間の意思や感情に左右される。古墳《こふん》もまた、その例外ではありえず、位置や形態が人間の「こころ」によって決められていると知った。この古墳の話の時空間は、飛鳥《あすか》時代（五九二〜七一〇年）の奈良盆地の南半分が主な舞台となっている。

その時間的な範囲は、仏教伝来（五五二年頃）から飛鳥寺《あすかでら》（五八八年）など多くの寺院が建立《こんりゅう》され、中国「隋《ずい》」の使者が倭京《やまとのみやこ》にやってきた時期（六〇八年）が仏教文化の導入期のピークであったようにおもう。

そこから、大化改新《たいかのかいしん》といわれる乙巳《いっし》の変（六四五年）や朝鮮半島の白村江《はくすきのえ》（六六三年）での敗戦や古代最大の内乱であった壬申《じんしん》の乱（六七二年）という動乱の時代を過ぎて、ようやく安定期となり、藤原宮《ふじわらのみや》（六九四年）に遷宮《せんぐう》した。

その藤原宮に遷《うつ》ってわずか十数年後に、遣唐使《けんとうし》がもたらした唐の首都・長安《ちょうあん》のありさまは衝撃的だったようで、奈良盆地の北側に長安にならった平城京《へいじょうきょう》を造営し、七一〇年に遷都《せんと》した。その後に、法隆寺東院《とういん》伽藍《がらん》の夢殿《ゆめどの》（七三九年）が建立されるまでの話である。

また空間的な範囲は、「隋」の使者が辿ったルートに同じである。古代の倭国《やまとのくに》のイメージ図

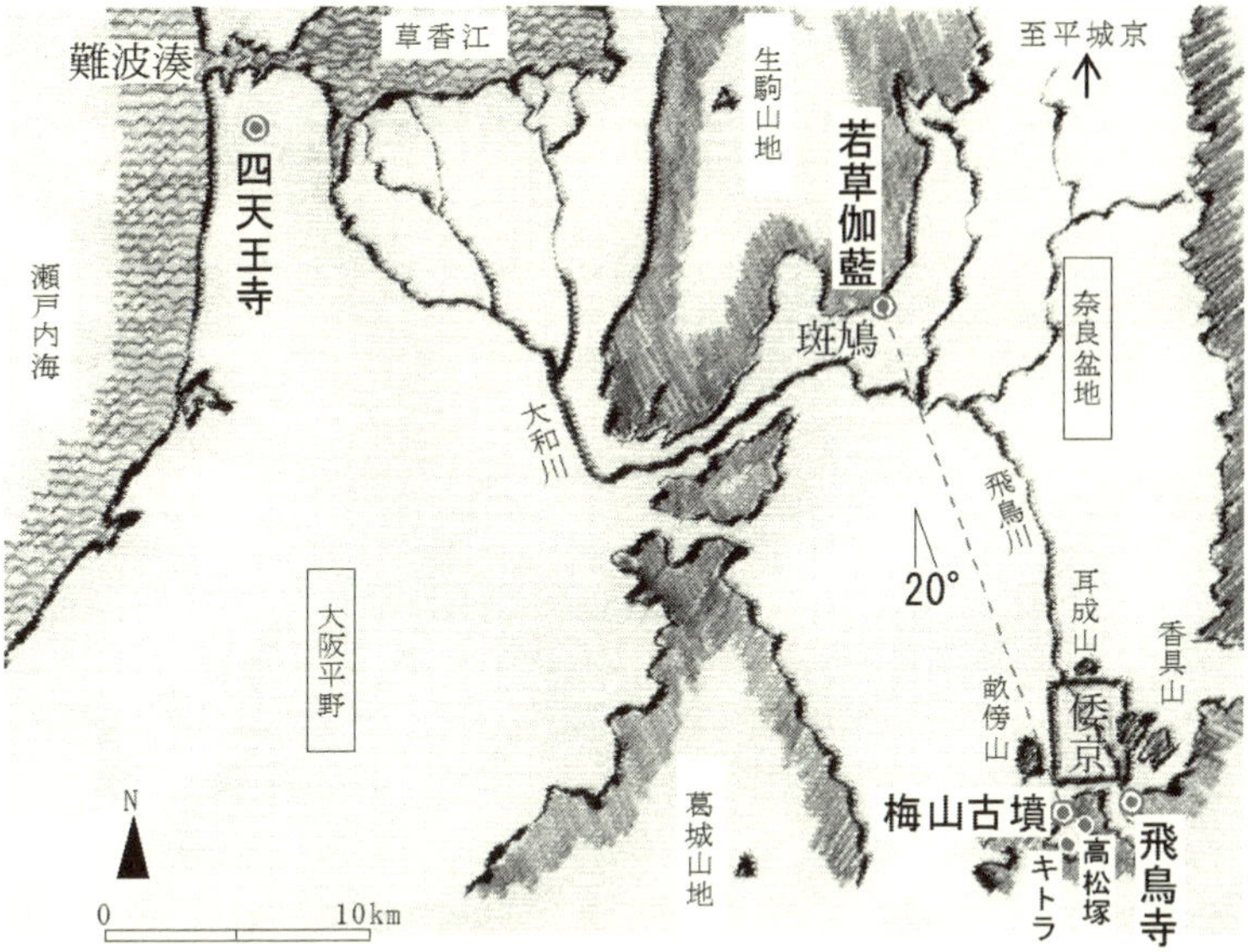

図・1　倭国のイメージ図
（奈良盆地と難波湊、飛鳥寺、法隆寺若草伽藍、四天王寺の関係性）

〔図・1〕のように、使者たちは瀬戸内海を航行して難波湊《なにわみなと》に到着した。そこから大和川《やまとがわ》を遡《さかのぼ》って奈良盆地の倭京へ向かったと推測される。

難波湊の四天王寺《してんのうじ》の五重塔を横に見て、生駒《いこま》山地と葛城《かつらぎ》山地の間を流れる大和川を通って斑鳩《いかるが》に出る。その山裾の高台に、六七〇年に焼失した法隆寺若草伽藍《わかくさがらん》の五重塔を見ることになる。

その若草伽藍の「中心軸線《じくせん》」が指し示す南東の方向に倭京が見え、そこには飛鳥寺の五重塔が輝いていたとおもわれる。

寺院の伽藍とは、門、塔、金堂、

講堂などで構成された寺院全体のことを指すのだが、それらが一直線に並んだ若草伽藍の中心軸は真北から西側に二〇度振れていたことが特徴であった。その二〇度の軸線は前方後円墳の梅山《うめやま》古墳とつながりがあり、仏教寺院が絡《から》む空間的特徴がこの話の出発点であった。

その飛鳥寺のある倭京の南側の山間地に、石室に描かれた壁画で有名な高松塚とキトラ古墳がある。それらが北西に二〇キロメートルほど離れた斑鳩にあるふたつの法隆寺、若草伽藍と現在の法隆寺だが、それらと関係しているという、いかにもミステリアスな話が現実に存在していた。

その高松塚やキトラ古墳に誰が葬《ほうむ》られているか。古墳の発見から数十年経つが、未だにわからない。被葬者《ひそうしゃ》が特定されない理由は、他国と異なり、古墳に被葬者を示す墓誌《ぼし》がなく、文字のないことが原因である。

なぜ文字がないのか、縄文人が文字を信用せずに、話す言葉の「言霊《ことだま》」を信じていたこと（梅原猛著『人類哲学序説』）と関係するかもしれない。

そのようであれば、「人間は建造物に感情と意思を込める」ことが応用できるとおもった。それらがどのように表されているかを理解できればよいと。

古代史における遺跡は土木・建築物が多いこともあって、それらの建造物はどのように造られていたのか、以前から興味を抱いていた。だが、わたしは建築家で歴史家でも考古学者でもないから、古代史を語るのは専門外である。

しかし、キトラ古墳や高松塚の「軸線」の発見を契機として、古代史を宮殿や寺院や古墳といった土木・建築物から眺めると、どのようになるか、実際に試してみた。

そのことに気づいた発端は、『日本書紀』の六七〇年に焼失したと書かれている法隆寺であった。焼失した法隆寺は現在の世界遺産となった西院《さいいん》伽藍《がらん》とは異なり若草伽藍と呼んで区別されているのだが、その若草伽藍の中心軸線が、［図・2］のように、真北に対して二〇度振れていた。

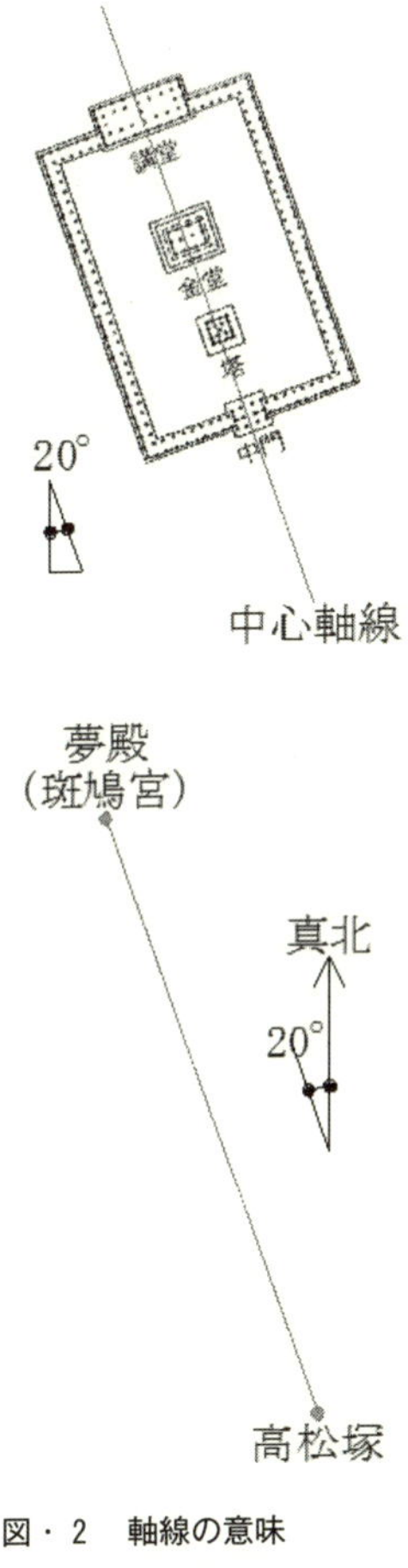

図・2　軸線の意味
（上）若草伽藍イメージ
（下）法隆寺夢殿（斑鳩宮）—高松塚

建物は焼失して存在しないのだが、以前から「なぜ南北でなく二〇度振ったのだろう」と疑問があった。通常の寺社建築は門を南に向けて建てるのだが、「なぜ振ったのか」不思議におもっていたことが始まりであった。

焼失した若草伽藍と現在の西院伽藍というふたつの法隆寺が高松塚やキトラ古墳や梅山古墳と「軸線」で結ばれているとは、正直なところかんがえたこともなかった。

「軸線」とは簡単に言えば、離れている二つのランドマークどうしを結びつける計画線のことで、街路やグリーンベルトなどを指す都市計画の専門用語であるが、古墳のある明日香《あすか》村と法隆寺は二○キロメートルちかく離れていることもあって、おそらく誰もが想像しなかったことであろう。地図を眺めていて気づいたのだが、焼失した若草伽藍から延びる二○度傾いた軸線は欽明《きんめい》大王（天皇）陵といわれる梅山古墳と結ばれていた。また、おなじ傾きの軸線は高松塚と斑鳩宮《いかるがのみや》跡地に建つ法隆寺東院伽藍の夢殿を結びつけていた。さらに、その軸線はキトラ古墳と近くの檜隈寺《ひのくまでら》と西院伽藍の南大門の前にある、法隆寺七不思議のひとつ、鯛の形をした大石、鯛石《たいいし》を結んでいた。

そのような仏教寺院に絡む軸線の意味は人間の意思と感情を表しているとおもわれる。その指し示す結論は、高松塚とキトラ古墳に葬られている人物（被葬者）名であり、大化改新といわれる乙巳の変の真相であった。

その被葬者は高松塚が舒明《じょめい》大王（天皇）の第一子・古人大兄皇子《ふるひとのおおえみこ》であり、キトラ古墳は渡来系の倭漢《やまとあやの》（東漢）坂上直老《さかえのあたいおきな》に比定される。（大王とするのは、「天皇」号の使用は研究によって、天智天皇以降とされていることによる）

そして、『日本書紀』に書かれている六四五年に起きた乙巳の変が、天智《てんち》天皇と藤原鎌足《ふじわらのかまたり》による蘇我入鹿《そがのいるか》の殺害となっていることに、疑問を呈することになった。それは『日本書紀』の編者の創作であったことが、軸線によって明らかになったからである。

この結論に至った理由をこれから述べることになるのだが、仏教寺院に絡む軸線とはなにか。また、軸線によって何がわかるのか。「軸線で結ばれる」とは、どのような意味があるのか。そこから始めねばならない。

「軸線で結ばれている」とはどういう意味なのか。歴史学者や考古学者も研究していないので、よくわからなくて当然である。それは、わたしにとっても研究する先人がいないわけで、それを解明すべく、この本を書くことになった。

「軸線の意味」とは、［図・2］の例に示したごとく、夢殿（斑鳩宮）と高松塚が仏教寺院の若草伽藍の中心軸線の角度二〇度で結ばれていることの意味である。

二点を結んでも何の意味もないが、若草伽藍の二〇度でつながれば、その二点は確率的にこの世界でひとつしかない現象となって、その場所が特定され、意図されたものであるとわかる。

なぜそのように離れているものが結びついたのか。現実として、そんなことがありうるのか。疑問におもうが、地図に線を引いてもそのようであり、測量計算をしても事実は事実である。

その軸線で結ばれる理由として、最近、研究している日本人の空間意識と関係があるようにおもった。夢殿（斑鳩宮）と高松塚は「見えない線」で結びついているわけで、他国の人々と異なっている。

他国における通常の軸線はパリのシャンゼリゼ通りのように、ルーブル宮と凱旋門《がいせんもん》を結ぶ「見える線」となっているが、なぜに「見えない線」で結びついているのか。それが、何に由来するのか、わたしの課題であった。

ひとはよく「赤い糸で結ばれている」と言うが、その赤い糸は見えるものではなく、距離に関係がなく、心が結ばれている状態を表していることに似ている。

また、軸線は方向を示していることから、家相《かそう》や風水《ふうすい》に近いもので、呪術《じゅじゅつ》的な意味もあった。『日本書紀』によると、天武天皇の時代には陰陽 寮《おんようのつかさ》が設けられ、占星台《せんせいだい》が建てられていたことから、それがわかる。

具体的には、梅山古墳やキトラや高松塚という墓と法隆寺が「見えない線」で結ばれている意味は、日本列島で初めて、人間の死と仏教が結びついた例といえる。そして、その結びつきが示すものは、仏教による国づくりの様であり、若草伽藍を造った人物とキトラや高松塚の被葬者の感情が表わされていることであるとおもった。そのように古墳にも「見えない軸線」があるとおもったことが、今回の気づきとなった。

若草伽藍は『日本書紀』に何度か登場するが、誰が造ったのか書いてない。また、キトラや高松塚の被葬者もわかっていない。それなのに、なぜに彼らの感情がわかるのか。名前がわからなければ、感情もわからないのではないか。とおもうかも知れない。

しかし、古墳は墓であって、その位置には被葬者と葬る側の感情が込められている。どこでもいいわけではなく、まして倭国《やまとのくに》の大王クラスの古墳である。しかも、寺院の建築物と結ばれているのであって、墓と仏教寺院が結びついているなら、その古墳の被葬者の菩提《ぼだい》を弔《とむら》うという感情がみえる。自然にかんがえるなら、その感情を抱く人の親がその古墳の被葬者である。

ただ、「見えない軸線」というのは直線で、「結ばれている」といっても、「どこで止まっているかわからないではないか」とおもうかもしれない。

つまり、直線は延々と伸びているのだから、古墳と寺院で止まるとは限らないという論理であろう。赤い糸もそうだが、感情があるからこそ結ばれているのである。しかし、歴史学者や考古学者は建造物の遺跡には感情や意思を認めないようなのだ。また、仏教の影響を過少にみている。

その論理では、古墳や仏教寺院には感情や意思がこもっていないということになる。そうであろうか。みずからの家や寺院という建造物に感情を抱かない人はいないとおもう。

わたしは依頼されて建物を設計するが、その建物は依頼主の「感情の塊《かたまり》」である。歴史学者や考古学者はそれを研究の対象には、してこなかったようだ。

古墳や寺院などの建造物もまた「感情の塊」である。

斑鳩と飛鳥の距離は約二〇キロメートルちかくあり、今回の軸線の発見によって、梅山古墳やキトラ古墳、高松塚は北極星をたよりに測量をして、位置を決定していることがわかった。

古代の技術を最大限に活用して建造物を造っている。やはりそこでは、強い感情が古墳や寺院などの建造物を造る動機であり、位置と方向は感情によって決定されているとおもわざるをえない。建造物を造るのに「思い」のない人は皆無である。これが、本書の思想となっている。そして、古代史を今までにないアプローチで語ろうとおもう。

その感情の発露として、わたしの心に残っていた若草伽藍の二〇度の傾きの謎を解明する機会に恵まれたことを感謝したい。

そのような経緯でこの研究を始めたが、今日までの建築家としての経験や大学での拙《つたな》い研究が出発点となったことは確かなようで、その根本的なところから、話を始めたいとおもう。ただ、歴史学や考古学が専門ではないので、拙学《せつがく》ゆえにいたらない点はご容赦願いたい。

『日本書紀』という歴史書の性格

本書の目的は二つあって、ひとつは、六七〇年に焼失した法隆寺若草伽藍の中心軸の二〇度の傾きが、キトラ古墳や高松塚に用いられていた。その事実から、それらに誰が葬られているかを推測することである。

もうひとつは、若草伽藍の二〇度の傾きが示す方向に何があったか。飛鳥の方向なのだが、最古の都市とされる「いわゆる藤原京」に先行する碁盤目状の道路を持つ「倭京」が存在したという証拠を提出することである。

この二つの目的は別々のようだが、倭京を造った人物と法隆寺若草伽藍を建てた人物は同じではないか、とかんがえている。それは『日本書紀』が語れない部分でもある。そのことも明らかにしたい。

以上のことは『日本書紀』に書いてあることに端を発している。当然ながら、その『日本書紀』には書いてないこともある。法隆寺を誰が造ったのか。そもそも、若草伽藍と西院伽藍を区別していない。建築的には別々の寺院であると、発掘によってわかったにすぎない。

『日本書紀』に書いてないことによって、明治以降、数十年にわたって、西院伽藍が再建されたものか非再建なのか、学者のあいだでは論争が続いた。それが、若草伽藍の発掘によって、論争は終息したのだが、若草伽藍二〇度の傾きの謎は放置されてしまった。

古墳においても特有の問題がある。『日本書紀』に天皇などの重要人物の被葬地が書かれているが、現在の地名と照合しなければならない。その古墳も破壊されている場合もある。

また、日本の古墳には他国にあるような、葬られた人（被葬者）を示す文字で書かれた墓誌がない。また、重要な古墳は宮内庁の管理下にあり、本格的に調査がされない。そのことによって考古学者や歴史学者においても、その被葬者については、すべて推測の域をでない。

この話の前提として、もうひとつ設定しておきたいことがある。それは藤原京という言葉だが、

『日本書紀』には出典しておらず、持統紀の六九四年に「遷居藤原宮」とあるのが「遷都」（全現代語訳『日本書紀』宇治谷孟）と訳されているように、その時に都市ができたような思い込みが先行している。六九四年の記述は宮を遷しただけなのに、誤った認識が一般的になっている。

　したがって、六四七年孝徳天皇紀において、のちの天智天皇（当時は皇太子）が「欲冀遷于倭京」と述べて、「倭京」に帰るとしているところから、藤原京ではなく「倭京」とした。藤原宮＝藤原京となる思い込みを防ぐ意味もある。

『日本書紀』という書物の性格は、中国の歴史書とは異なる。中国の歴史書は、たとえば隋朝であれば、その後の唐朝によって書かれるというルールとなっている。それは隋朝にとって都合の悪いことも書いてあるということである。だが、『日本書紀』は当事者によって書かれている。

『日本書紀』は天武天皇《てんむてんのう》の発案によって、七二〇年に完成したとされる。その編集コンセプトは「王権が持統《じとう》（天皇）から文武《もんむ》（天皇）に移譲されるときに、文武の正統性を証明するために、藤《ふじ》原不比等《わらのふひと》らによって構想されたのが高天原《たかまがはら》・天孫降臨《てんそんこうりん》・万世一系《ばんせいいっけい》というイデオロギーである」（大山誠一編『聖徳太子の真実』）ということである。そのイデオロギーを『古事記』という神話と『日本書紀』という歴史書によって、浸透させようと意図したのである。

　この神話と歴史という二つの性格の異なる書物をつくろうとするアイデアを出したのは藤原不比等であろう。これはかなり成功している。なぜなら、日本人の心の中に深く浸透して、歴史の転換点において機能しているからである。

近くでは明治維新や太平洋戦争へ突入する際にもつかわれた。王政復古《おうせいふっこ》や神国《しんこく》などの言葉がつくられて、『日本書紀』と『古事記』が深く浸透していることがわかる。藤原不比等はこの対になるものを生み出す能力に優れているとおもう。

『古事記』においては、天照大御神という女帝が孫のニニギノミコトに譲位《じょうい》することにはじまり、女帝の推古でおわる。それは女帝の持統が孫の文武に帝位を移譲することに同じである。その時期の政権にとって都合よく書かれていることは事実であり、『日本書紀』と『古事記』には意図があったのである。

その意図の通りに『日本書紀』を操作している可能性は否定できないとおもう。真実を語っていない部分があるのではないか。

若草伽藍や西院伽藍について、それぞれを誰が造ったのか。書いていない。「いわゆる藤原京」に先行する都市を誰が造ったのか。書いてない。それは『日本書紀』の編者、持統天皇と藤原不比等にとって、都合が悪いのではないか。そんな疑問を若草伽藍の二〇度の傾きが解決してくれるとおもったのである。それは同時に、キトラ古墳や高松塚の被葬者を明らかにしてくれている。

『日本書紀』において、土木・建築物にあたる道路や運河などの都市施設や寺院や宮殿は、ほんとうに存在するなら、ほぼ確実に遺跡となって発掘される。おそらく、かなりの精度で年代も測定されるとかんがえられる。そのことは、持統天皇と藤原不比等も承知していただろう。建造物は隠すわけにはいかない。破壊しても痕跡は残る。そのことは事実だが、「いつ・誰が」という点は変更可能であろうとおもっている。つまり、わたしの専門である都市や建築など、具体的に物質が存在するもの以外はあまり信用できないとかんがえる。

その点は考古学者と同じだが、考古学者は遺跡と『日本書紀』にある「いつ・誰が」を結びつけようとする。わたしは書かれていること以上に、建造物に込められた感情や意思を読み取ろうとする。

そのようなことから、遺跡として発掘される物質は信用できるが、『日本書紀』の中に登場する人物についてはある程度自由度があり、歴史書など、人によって書かれたものは注意する必要があるとかんがえている。

特に天皇や有力豪族の行動については「誰がいつ何をした」という点は、どのようにでもなるとおもわれる。歴史を建造物から眺めれば、また違った面がみられるとおもう。

「蘇我聖徳」に込められた呪文

そこでの最大の疑問点は「乙巳の変」（六四五年）である。『日本書紀』に書かれているのは、横暴な権力者の蘇我入鹿やその父・蝦夷《えみし》を中大兄皇子《なかのおおえのおうじ》（のちの天智天皇）と藤原鎌足が暗殺した事件であり、いわゆる「大化の改新」といわれ、蘇我一族の滅亡によって様々な政治改革が断行されていく様子である。

それらの当事者である天智天皇の子・持統天皇と藤原鎌足の子・藤原不比等が『日本書紀』の作成に関与しているのであるから、彼らに都合よくできているはずである。

『日本書紀』には、乙巳の変の二年前（六四三年）に聖徳太子の子・山背大兄皇子《やましろのおおえのみこ》一族を蘇我入鹿が殺害するという事件が書かれている。その殺害場所が斑鳩宮であって、斑鳩宮はその事件で焼失している。

いかにも、蘇我入鹿が悪役で、それを暗殺した天智天皇と藤原鎌足はヒーローとされているが、斑鳩宮の跡地に建つ夢殿と高松塚が軸線によって結びつく事実をみると、『日本書紀』の記述をそのまま信じるわけにはいかないようにおもうのだ。そのことから、導かれる可能性は次のようなことも想像される。

建築物を主体にかんがえるなら、斑鳩宮が六四五年に焼失した真実を、『日本書紀』は六四三年に蘇我入鹿が聖徳太子一族を殺害したとして、「いつ・誰が」を変更したのではないか。つまり、斑鳩宮は乙巳の変の六四五年に焼失したとすれば、起こった事件の真相が想像される。

また、「誰が」を疑るなら。乙巳の変では、蘇我入鹿のような豪族を殺害したとは、おもえなくなった。蘇我一族自体が劇画風でありすぎる。

たとえば、鎌倉時代の鶴岡八幡宮で将軍となった源実朝《みなもとのさねとも》が将軍となれる立場にあった甥の公暁《くぎょう》に殺害された事実もある。

乙巳の変が大王一族や即位したばかりの大王（天皇）を殺害するというような、用意周到に計画されたクーデターだったとすれば、『日本書紀』において、語っていない部分や、不自然な部分のあることも納得できるようにおもう。

その仮説の証明が本書なのだが、『日本書紀』と『古事記』において、それを隠す必要があった。つまり、聖徳太子と蘇我一族を創作して、真実を隠ぺいしたのである。そのようにかんがえないと、高松塚と夢殿がつながらないのである。

聖徳太子と蘇我一族は対になるものを生み出すことに長けた藤原不比等のアイデアであったとおもう。「蘇我聖徳」と、文字を並べると、「我、聖徳として蘇《よみがえ》る」というように読めることに気づいた。

わたしには敏達《びたつ》大王（欽明の子）を聖徳太子として、復活させようとしているようにみえる。その呪文《じゅもん》のような「しかけ」が『日本書紀』に含まれているとかんがえられる。その証拠が若草伽藍の二〇度の傾きであった。

現在では聖徳太子の存在を疑う学者は多い。先の大山誠一編による『聖徳太子の真実』では「聖徳太子の実在性を示す史料は皆無であった」となっている。だが、わたしは蘇我一族の実在性を疑う人を知らない。

歴史学者による『謎の豪族蘇我氏』（水谷千秋著）や『大和の豪族と渡来人』（加藤謙吉著）において、蘇我氏の実在性を示す史料はなく、本拠地や経済的基盤さえ定かでないにもかかわらず、実在性を疑う人はいない。

『日本書紀』においても、蘇我一族に経済的基盤がなかったとされているのに、そのようである。疑うのはわたしひとりかもしれないが、逆に、蘇我一族の実在性を証明できる学者はいないとかんがえている。

二〇度の傾きが、法隆寺とキトラ古墳や高松塚、梅山古墳が結びついていることを教えていた。それは、輸入された仏教が現代と変わることなく、寺院と墓（古墳）をつなげる「死」のイメージとして機能していることを示している。

本書の結果として、キトラ古墳の被葬者に関しては、ほぼ間違いないとかんがえているが、高松塚に関しては推論とならざるをえなかった。古墳の事実と『日本書紀』に書かれたことに乖離《かいり》がありすぎるのである。

当然ながら、この本において、わたしが述べることはすべて証明されたものではない。たとえば、遺跡の発掘調査資料をどのような視点でみるかによっても、見解は異なる。

遺跡から発掘された物質の状態や形状を調査して、見解をだすのだが、その方法や結果については証明されたものではなく、推測したものである。「ほぼ間違いがない」というのが、最上である。

以上の点を考慮して読んでいただきたいが、本書が建造物の位置や形状という事象に即して、推測し想像したものとなったことは事実であり、想像が加味されている。そのことで、歴史書でも考古学書でもないとするなら、そうであろう。

しかし、過去の歴史に推測や想像はつきもので、それによって新しい事実が生まれるのも確かである。若草伽藍の二〇度の軸線が法隆寺の七不思議や高松塚やキトラ古墳の被葬者の謎、また、倭京という古代都市を誰が造ったかなど、すべての謎を解明してくれているとは、当初は想像できなかった。まさに、『法隆寺コード』であった。

この場合の「コード」とは、英語のcode（暗号）やcord（紐《ひも》、綱《つな》）などの意味を込めている。法隆寺の因縁の深さを表したいとおもった。

第一部

キトラ・高松塚の軸線

序章　法隆寺と結ばれる梅山古墳・キトラ古墳・高松塚

奈良盆地は四方をそれほど高くない山に囲まれた平坦な土地である。盆地の北側が平城京で、南側が今回の舞台となる倭京である。盆地中央部の西側に、低い山並みが張り出したところが斑鳩となっていて、現在の法隆寺西院伽藍がその高台にある。

西院伽藍の南東で法隆寺若草伽藍が一九三九年に発掘されてから、数十年の月日が経とうとしている。そのあいだ、誰も伽藍の中心軸線の先になにがあるのか知ろうとしなかった。

軸線概略図［図・3］のごとく、若草伽藍の中心軸線は梅山古墳と結ばれ、その二〇度の傾きを持った軸線はキトラ古墳や高松塚にも関係していた。その事実はなにを表しているのだろうか。その謎を追っていきたい。

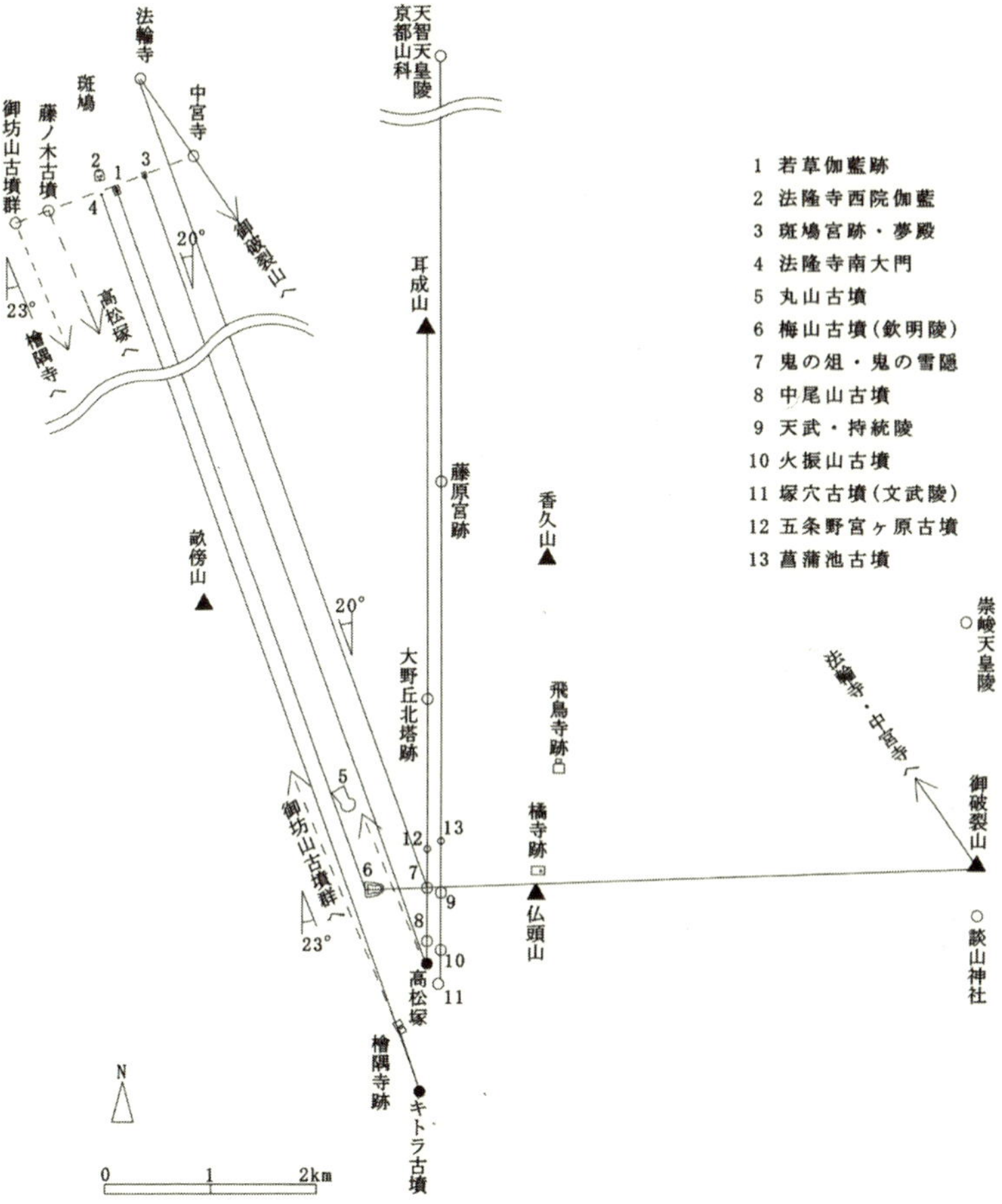

図・3　軸線概略図

(記号(1)の若草伽藍は(6)の梅山古墳と軸線で結ばれている。その軸線の角度は20度であった。高松塚はその角度で(3)の斑鳩宮跡地の夢殿と結ばれ、キトラ古墳は(4)の西院伽藍南大門の鯛石と結ばれていた。)

新発見—法隆寺若草伽藍二〇度の軸線

法隆寺若草伽藍と梅山古墳

新しい発見は、六七〇年に焼失して今は存在しない法隆寺若草伽藍の中心軸が真北にたいして西側に二〇度振れていたことに始まった。

軸線概略図から取り出した［図・4］を参照して、若草伽藍の軸線を一九キロメートル離れた「いわゆる藤原京（以後倭京とする）」まで延長すると、奈良盆地最大の前方後円墳である丸山古墳を通って、欽明（天皇）陵とされる梅山古墳（桧隅坂合陵《ひのくまのさかあいのみささぎ》）と結ばれていた。そして、その梅山古墳の中心軸は、ほぼ東西軸を示し、橘寺《たちばなでら》の背後にある仏頭山《ぶっとうさん》を通って御破裂山《ごはれつざん》に向《む》いていた。なぜか御破裂山の南側には藤原鎌足が創建した多武峰《とうのみね》妙楽寺（談山《たんざん》神社）があり、北側には蘇我馬子によって殺害された崇峻《すしゅん》大王（天皇）の陵がある（図・3参照）。

さらに、この東西軸は耳成山《みみなしやま》の南北軸線と交差して、その交点には「鬼の俎《まないた》・鬼の雪隠《せっちん》遺跡」があり、二〇度の軸線で法輪寺《ほうりんじ》と結ばれていた。それらを調査した結果、破壊された古墳であるとわかった。ここで最も注目されることは、仏教が背負った役目であって、古墳という墓と寺院の結びつきである。

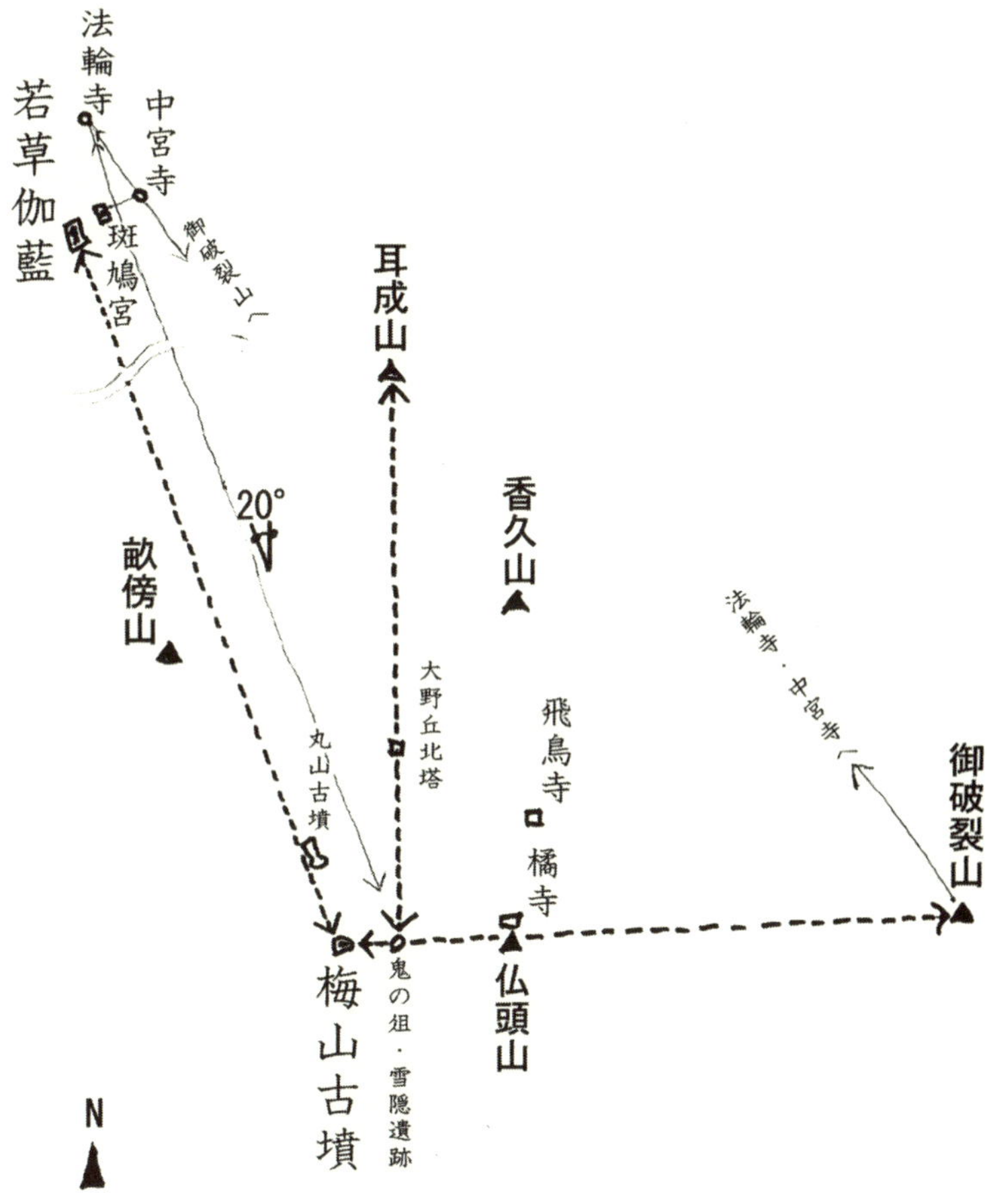

図・4　若草伽藍と梅山古墳等の関係イメージ図
（600〜645年頃）

法隆寺東院伽藍の夢殿と高松塚

その二〇度の軸線を高松塚に平行移動させると、［図・5］のごとく、耳成山の南北軸線上にある高松塚は斑鳩宮跡地に建つ法隆寺東院伽藍の夢殿と結ばれていた。

斑鳩宮はいわゆる聖徳太子と呼ばれる厩戸豊聡耳皇子《うまやとのとよとみみのみこ》が造り、六〇五年に移り住んだ場所である。その後、聖徳太子の子である山背大兄皇子が六四三年に斑鳩宮にいたところ蘇我入鹿に襲撃された。その時に宮は焼失し、山背大兄皇子は斑鳩寺（若草伽藍）で自決したとされている。これらは『日本書紀』の記述によっている。

その斑鳩宮の跡地に夢殿が七三九年に建てられたが、『続日本紀』には一切記載されない。ただ、夢殿建立の二年前、七三七年に藤原不比等の子の男子四人が相つぎ病で死んだことが『続日本紀』に記載されていて、そのあと藤原一族の寄進によって建立されたと伝承されている。また、政府からも七三八年に食封《へひと》二〇〇戸が寄進されている。

夢殿にある秘仏「救世観音像」はなぜか、明治維新後に東洋美術史家アーネスト・フェノロサによって開示されるまで秘匿《ひとく》されていた。

つまり、高松塚の被葬者は仏教によって鎮魂されているのだが、異常な扱いとなっている。

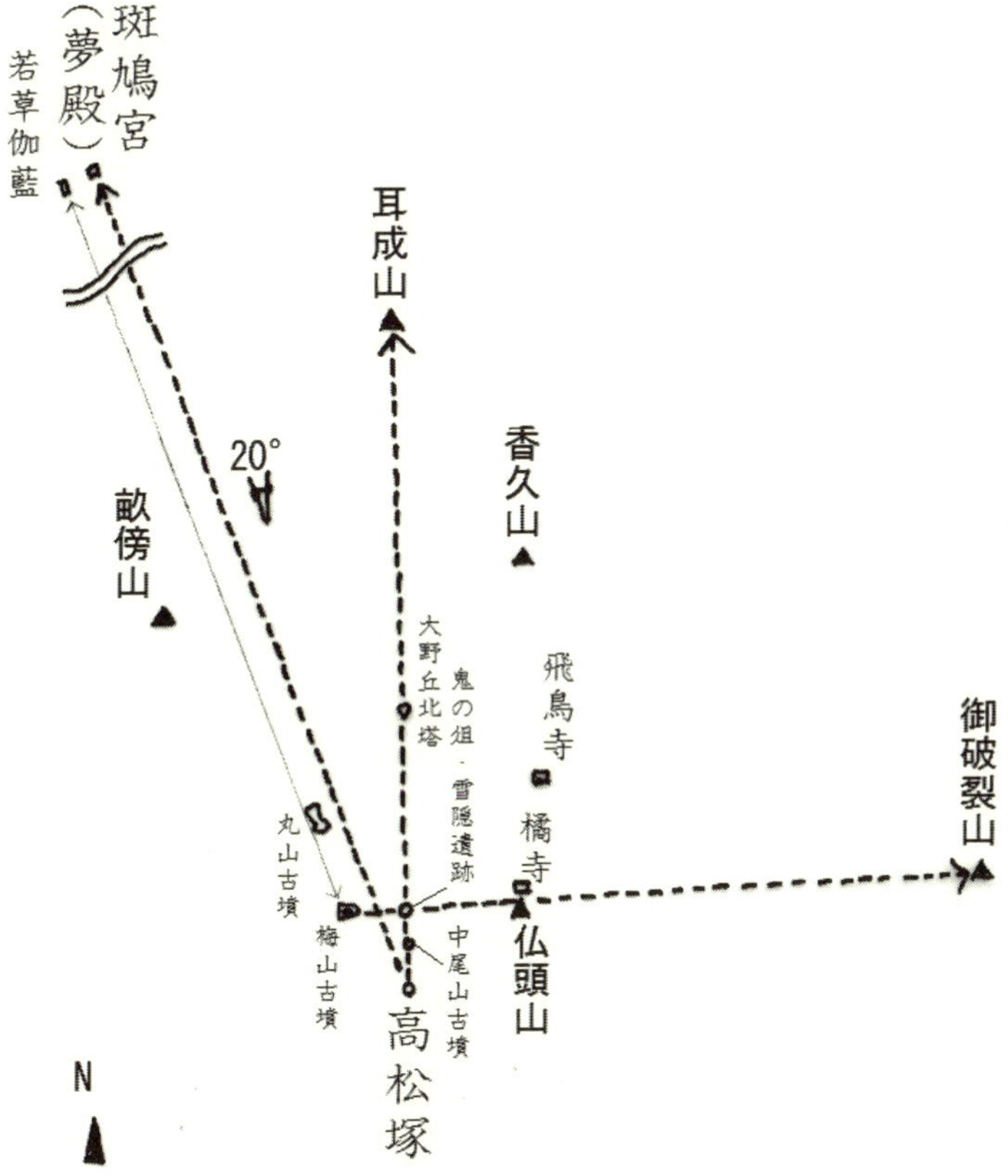

図・5　斑鳩宮・夢殿と高松塚を結ぶ軸線イメージ図

法隆寺南大門の鯛石とキトラ古墳

また、キトラ古墳にも二〇度の傾きのある軸線を平行移動したところ、〔図・6〕のごとく、今は存在しない檜隅寺の門前跡を通って、現存する法隆寺西院伽藍の南大門の門前に埋まる大石（鯛石）と結ばれていた。檜隅寺は渡来系の倭漢《やまとのあや》一族の氏寺とされていて、この鯛石と呼ばれる大石は法隆寺の七不思議のひとつとなっている。

以上の軸線を比較すると、明らかにキトラ古墳は高松塚や他の古墳と異なるエリアに存在している。それは耳成山の南北軸でもなく、藤原宮の南北軸でもないからである。

その意味は身分の違いということになるが、それではなぜにその二〇度という角度を使用したのであろうか。親族ということであろうか。どちらにしても、そのことも解明しなくてはならない。

それらは、古墳と仏教寺院が結びついている状況は同じとなっていて、仏教と墓という結びつきが古代からあったことを示している。つまり、仏教導入期より、その役割が現在と変らない構図であったのであり、古墳と仏教が密接であったとわかる。

結果として、檜隅寺と西院伽藍を結ぶ軸線の意味の解明がキトラ古墳の被葬者を示していると理解できる。

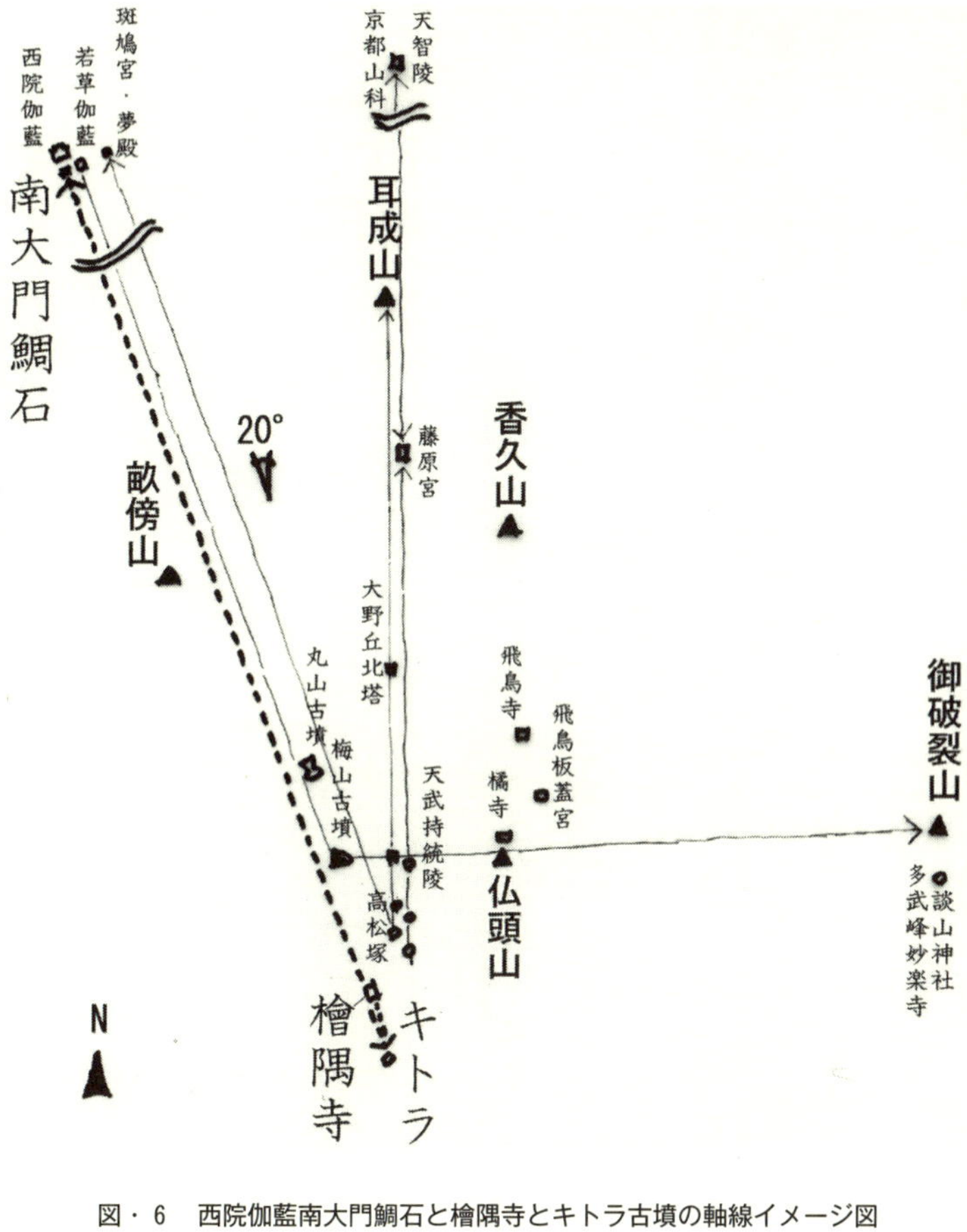

図・6　西院伽藍南大門鯛石と檜隅寺とキトラ古墳の軸線イメージ図

古墳の位置が被葬者を示している

これらの軸線が結ぶ法隆寺と古墳の関係は、「法隆寺コード」であると直観した。そしてその脈絡をたどれば、それらの被葬者と法隆寺の因縁がわかるとおもった。またこれらとは別に、天武・持統陵周辺に存在する多くの天皇級の古墳群は高松塚が存在する耳成山の南北軸線上の古墳と藤原宮の南北軸線上の古墳に分割されることもわかった。

現在でも高松塚やキトラ古墳は山間の田畑のなかにある。古代においても古墳を造成するには、どこでもよかったはずである。それらは偶然ではなく、なにかしらの意味をこめて位置を決定したにちがいないと確信した。

古墳や遺跡のふたつの点を結んでも、なんの意味はないが、角度と軸線に意味があるのなら話は別である。その位置が特定され、それらがかかわる事象の関係性をあらわしている。

もうひとつのキーワードである法隆寺（西院伽藍）は謎の多い寺で、江戸時代から論争の対象となった。それは西院伽藍を誰がいつ造ったのか『日本書紀』に記載されないことが原因であった。

特に明治維新から西欧の考古学が導入され、遺跡の発掘方法が科学的に整備されてから、法隆寺（西院伽藍）の再建・非再建論争が始まり、若草伽藍の発掘によって終息した。

そして、今回の新しい発見は再び法隆寺を疑問の渦に巻き込んだ。その法隆寺（西院伽藍）は一九七二年に発表された哲学者の梅原猛による『隠された十字架―法隆寺論』において、「法隆寺は聖徳太子の霊を鎮魂する寺」とされた。そのことが今回の発見につながったことは確かだが、聖徳太子とすると矛盾することがわかった。

どちらにしても、ここでの問題は、仏教を介して軸線で結ばれている理由はなにかということである。古墳と建物が目に見えない線でつながる意味はなにか。一体何を表しているのだろうか。

高松塚と夢殿が結ばれているなどありえないと思う人も多いかもしれない。しかも、若草伽藍の角度でつながっているのである。それは偶然だと思いたいかもしれないが、事実である。

わたしは建造物には人間の感情が込められているとかんがえる。古代において、特別な建造物ほど、測量されて位置が決められているのだ。なぜなら、古代の権力者が建造物を計画する場合に最も重要視するのはその位置であり、規模や内容が次にくる。古墳であれば、その王朝の序列ということであろう。

高松塚はその場所が意味を持っていたのである。耳成山の南北軸線と斑鳩宮や夢殿から発する若草伽藍の角度をもつ軸線との交点に位置していた。

それが何を表しているか。被葬者の名前を語っているとしかおもえない。古墳には墓誌がなく、被葬者の名前がわからないことになっているが、古墳の位置が名前を示しているようにおもう。

法隆寺若草伽藍の伽藍配置とはなにか――中心軸線の変化

本題に入る前に基本的な話をしておきたい。軸線などの話になっているが、寺院の伽藍配置の中心軸といわれても、何のことやら、頭に浮かぶ人も少ないかとおもえるので、少々述べておきたい。また、法隆寺西院伽藍などの配置形式は日本独特であり、その変化も記しておきたい。

飛鳥寺（法興寺）、若草伽藍、四天王寺の建築デザインには特徴があって、仏教が導入された直後で朝鮮半島などに同様の例が存在していた。

［図・7］のように、四天王寺と若草伽藍はいわゆる四天王寺形式の伽藍配置といって、塔を中心として、南側から門―塔―金堂―講堂が一直線に並ぶ配置となっている。西欧の教会建築のように中心性の強い、南北軸を強調した、軸線を感じる配置形式となっている。それに加えて、飛鳥寺伽藍の配置はさらに中心性を高めて、十字形の軸線で塔を中心として北と東と西に金堂、南に門となっている。

特に、飛鳥寺の一塔三金堂方式は五世紀末の高句麗《こうくり》にあり、平壌《ぴょんやん》の東北の清岩里廃寺が先例であった。ただ、塔は八角基壇となっているから、飛鳥寺の方式は、厳密には独特であった。

以上のように仏教導入直後の伽藍配置は塔を中心としたものであったが、現在の法隆寺西院伽藍のように塔を中心としない日本独特の配置となっていく。そこには中心を空白にして、「奥」という空間意識の発露がみえる。

法隆寺西院伽藍の復元図〔図・7〕をみると、中門を入って右に金堂、左に塔となって、中央に塔を配置しない方式となっている。また、謎のひとつだが、中門の中心軸と伽藍全体の中心軸がずれていることが知られている。これは現在でも変わらずに維持されている。それと共に中門の真ん中に柱があることも異例であって、法隆寺の七不思議のひとつとなっている。

以上述べてきた寺院の建設時期について、『日本書紀の謎と聖徳太子』（大山誠一編）によれば、建設の順序は出土した軒丸瓦《のきまるかわら》の形状から、飛鳥寺が最初で、若草伽藍、四天王寺の順となっている。そうであれば、飛鳥寺（五八八年）、四天王寺（五九三年）であるから、若草伽藍が五九〇年頃の創建と推定できるが、『日本書紀』には若草伽藍の建設時期が出典しない。

仏教伝来の当初は他国と同様に、中心性を強調した伽藍配置であった。それが数十年で、川原寺

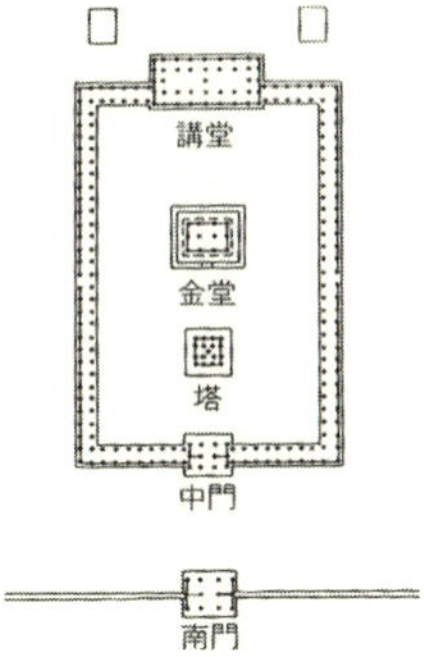

四天王寺伽藍配置

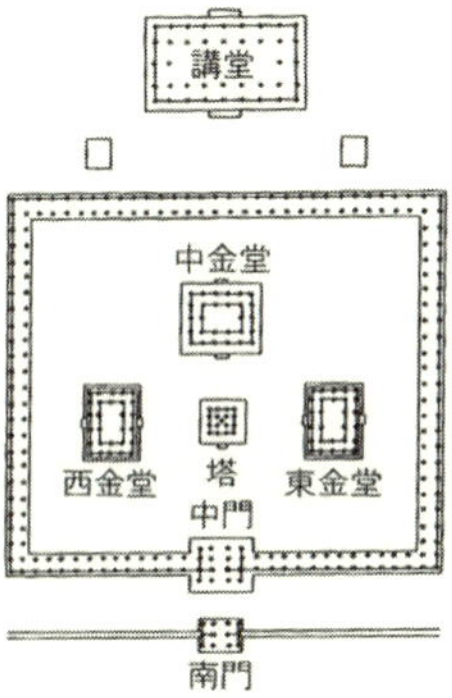

飛鳥寺伽藍配置

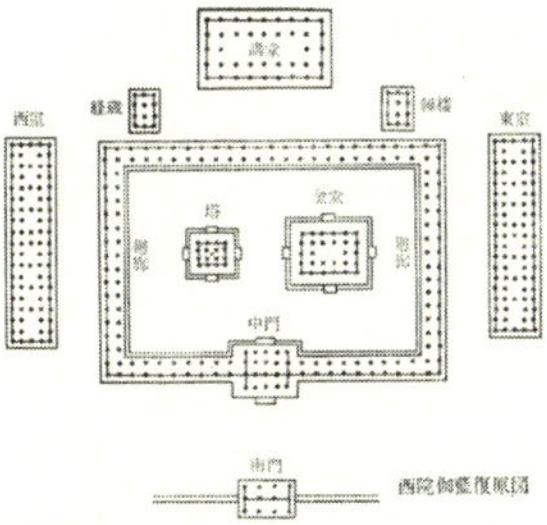

法隆寺西院伽藍配置（復元図）

図・7　寺院の配置

や西院伽藍のように中心性を減少させ、現在に至っていることは、逆に一連の飛鳥寺、若草伽藍、四天王寺は特異であったということになる。

その最も中心性の強い十字形の飛鳥寺は他国にも類例が少なく、それを造った人物は蘇我馬子と『日本書紀』に書かれている。しかし、どうもそのようにおもえない。

日本において特異な飛鳥寺、若草伽藍、四天王寺はセットであり、それらは、建設時期や工房なども重なることもあって、仏教を導入した、ひとりの大王が建てたとかんがえるほうが自然ではないか。

蘇我馬子がすべて造ったということが真実であれば、書けばよいのだが、それもできないわけがあったのである。つまり、『日本書紀』の目的は飛鳥寺や若草伽藍や四天王寺を造った大王の業績を消すことだが、蘇我馬子のような大臣の業績とすることも怪しまれるわけで、若草伽藍や四天王寺に関しては、造った人物を書けなかったということが真相であろう。

そのかわり、若草伽藍や四天王寺を造った人物について、『日本書紀』に直接的に書けなかったが、聖徳太子を登場させて、おのずと彼が建てたようにしむけている。四天王寺の場面では、聖徳太子が建てたとも読めるように漢文を配慮して、巧妙に仕組んでいる。

聖徳太子や蘇我一族の実在性の否定に関しては後段で証明しているが、創りだされた聖徳太子や蘇我一族を使い分けて、何を隠そうとしているのか。それが問題であり、高松塚の被葬者に辿《たど》りつく道となっている。

飛鳥寺、若草伽藍、四天王寺はセットである

仏教伝来は欽明大王（天皇）の五五二年に百済の聖明王が釈迦仏の金銅像一体と幡蓋《はたきぬがき》、経論《きょうろん》を送ったことによって、始まったとされている。伝来の時期については異論もあるようだが、そのことより、金色に輝く仏像を見て、人びとはかなり驚いたに違いない。

それまでの神は、山や岩などに宿っているだけで、見えない、形がないものだったからである。それが、人間の形をしているものが神様となるわけで、驚天動地のことで、かなりなカルチャーショックであった。

もう一方、仏教伝来は技術革新でもあった。百済から技術者が来て寺院建築が可能になったようだ。仏像製作や塔のような超高層建築を造ることは、明治維新の文明開化と同様なことであった。

それまでは、土を焼き上げた屋根瓦もなく、特に屋

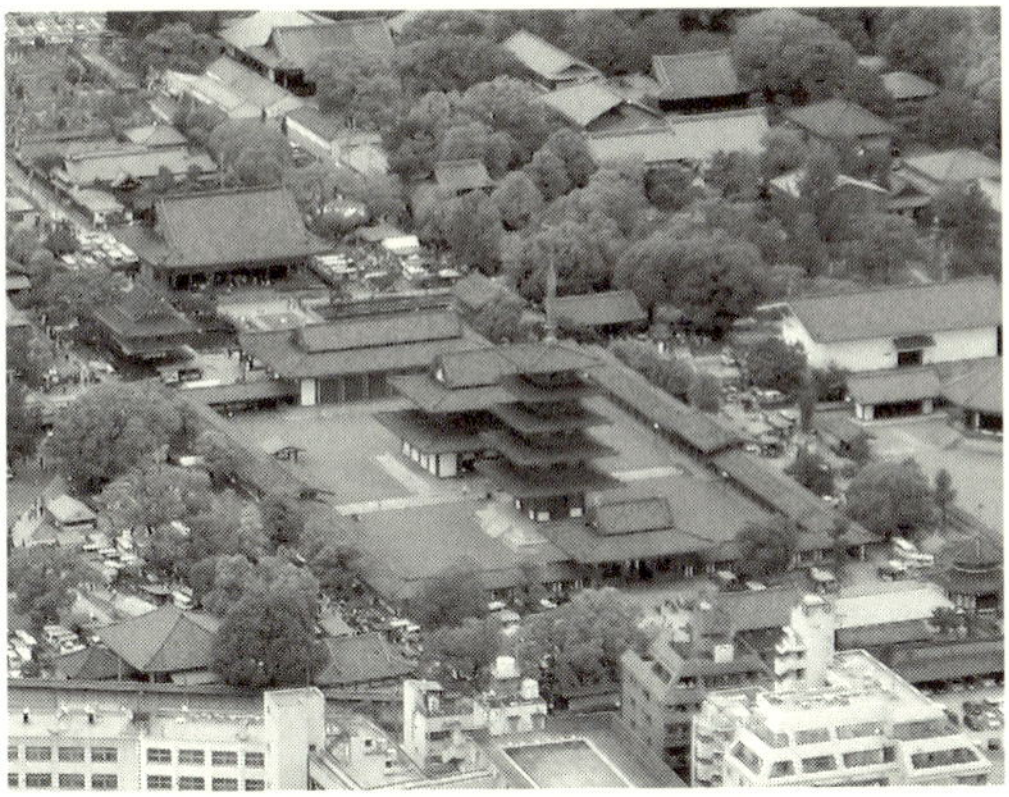

法隆寺若草伽藍と同じ配置とされる現在の四天王寺

根の先端の軒丸瓦は金色に輝いていたはずで、朱色の柱もなかったのではないか。それを見た人びとのとまどいも想像できる。

また、経論は哲学や科学を含んでいたわけで、それらを持たなかった人びとは、それ以降も手放すことはなかった。

そのような状況のなかで、仏教寺院をつくることはどのようなことであったか。それは、高い塔を中央に配置した中心性を強調した建築であった。つまり、飛鳥寺、若草伽藍、四天王寺のような中心軸を強調した建築である。その最も中心性の強い建築が飛鳥寺となっている。

日本では、川原寺や西院伽藍などのように、急速に中心軸を強調しない形態に変化してしまったが、仏教伝来の当初は、飛鳥様式といわれる飛鳥寺が最も仏教の精神を表した建築であった。

日本の寺院建築の変化は特徴がある。タイ王国は今も仏教を信仰している人が多く、寺院が多く建ち並んでいるが、その伽藍配置は未だに四天王寺形式である。色や形が違うので見分けが付きにくいが、一直線に並んでいることはワット・プラケオ（写真）を見ればよくわかる。

仏教伝来以降、日本だけが急速に中心性を失っていった理由は重要であるが、それは他に稿を起こすことにして、この場では飛鳥寺、若草伽藍、四天王寺、橘寺が中心性の強い建築であり、そこから変化していったことに注目したい。

建築というのは、あるコンセプトのもとにつくられる。特に国家プロジェクトのようなものになると、その傾向がつよく一貫したもので維持される。

飛鳥寺という、その最も中心性の強い建築を蘇我馬子が造った。だが、若草伽藍、四天王寺は造らなかったと『日本書紀』は示すが、とても信じられるものではない。倭国のイメージ図［図・1］のように、難波湊の四天王寺・斑鳩の若草伽藍・倭京の飛鳥寺は場所と寺院につながりがあって、分割されるものではない。

建築的にも、それらの寺院は連続したコンセプトで一貫性がある。仏教を推進した、中心性向の強い個性をもった大王（天皇）がすべて造ったとかんがえる方が自然ではないか。飛鳥寺だけ他の

ワット・プラケオ

人間が造ったとすれば、最も重要なことをやらなかったことになるのではないか。

聖徳太子がすべて造ったとすれば、異常に権力をもった皇太子として、信じられるかもしれない。『日本書紀』は語らないが、伝承では若草伽藍、四天王寺は聖徳太子が造ったとされる。それも飛鳥寺という終着点をつくらなかった中途半端な話で、まともに信じられるものではない。

明らかに、それらを建築するための準備期間の五

八〇年頃の大王は敏達大王（天皇）であるが、「佛法は信じられず、文史を愛する」（『日本書紀』）と書かれている。仏教導入期の経論は文史であったはずで、敏達の業績は隠されているのではないか。そのように感じるのである

緯度・経度から導かれる方位角による二〇度の検証

軸線概略図［図・3］のごとく、作図すれば結果がでるのだが、数値として確認する必要があるだろう。検証には二つの地点の緯度・経度がわかれば、それらを結ぶ軸線の真北にたいする角度を計算できる「測量計算サイト」を利用した。

計算結果の評価として、法隆寺若草伽藍の発掘調査による中心軸線の傾きは二〇度で小数点以下は計測されていないことから、検証は二〇度という数値となればよいとかんがえた。

計算方法は国土地理院による「測量計算サイト」の「距離と方位角の計算」を利用した（これ以降の測量計算も同様の方法とした）。また、緯度経度の位置情報はGoogle地図から得た。ただし、高松塚とキトラ古墳は奈良文化財研究所情報による。

しかしながら、この軸線の結びつきの詳細はどのようであろうか。それらを具体的に表示する必要があるだろう。

若草伽藍（塔中心部）と梅山古墳（鳥居部分）を結ぶ軸線の角度とその意味

(一) 若草伽藍と梅山古墳のつながり

（表・1）の角度計算表のごとく、若草伽藍の塔の中心部跡の緯度は北緯三四・六一二九五度、東経一三五・七三六一三度であり、梅山古墳は鳥居の位置とすれば北緯三四・四六八六度、東経一三五・七九九八度であるから、方位角三三九・九六六五度をえる。そこから三六〇度を引くと、西側へ二〇・〇三三五度となり、二〇度の傾きをえる。

表・1　若草伽藍と梅山古墳を結ぶ軸線の角度計算表

場所	緯度（北緯）	経度（東経）	方位角	軸線角度
若草伽藍（塔中心部）	三四・六一二九五	一三五・七三六一三	三三九・九六六五	二〇・〇三三五
梅山古墳（鳥居部分）	三四・四六八六	一三五・七九九八		（三六〇度—方位角）

具体的に［図・8］に若草伽藍と梅山古墳を結ぶ軸線の関係図を示した。発掘調査された若草伽藍の中心軸線は梅山古墳に延び、その西側の鳥居部分に至ることが表わされている。梅山古墳のような前方後円墳では、矩形《くけい》部分の側に祭祀《さいし》の場所があって、そこに鳥居がある。

前方後円墳の形は人形《ひとがた》であって、足元の方に祭祀の場所があることになる。それら古墳と寺院を結ぶ軸線には意味があるとかんがえざるをえない。

このことが、最初に設定された目に見える軸線であった。なぜそのようなことが行われたかをかんがえる時、大王である子が大王であった親の菩提を弔う構図であろうとおもう。それは明らかに見えるものとして造られているが、仏教による鎮魂の役目として、寺院と結びつけられている。

日本の古墳に、なぜ文字のある墓誌がないのか。このような軸線の存在によって、その被葬者が誰であるか示しているのであろう。

若草伽藍は奈良盆地の中央西側にある斑鳩の高台に造られた。そこは舟運《しゅううん》としての大和川や倭京への街道から眺められる場所である。そして、若草伽藍の向きは倭京を指し示し、斑鳩から倭京へ斜めにはしる筋違道《すじかいみち》のその先には、奈良盆地最大の前方後円墳である丸山古墳が見えたはずである。

その丸山古墳の奥に築かれた土山《つちやま》が屏風のように連続して見え、その土山には列柱が立てられていた。これらは『日本書紀』の記述を加味しているが、梅山古墳と耳成山南北軸線［図・9］に示した人工的部分の復元イメージから、想像している。つまり、若草伽藍や丸山古墳、梅山古墳の土山の列柱はランドマークとなっているのである。

このような光景は古代エジプトのアメン神殿の城壁の上に立てられている列柱に重なり、ナイル川からの景観を意識していることに似ている。

それらは何のために計画されたのであろうか。それは六〇八年に中国の「隋」の使者を迎えるた

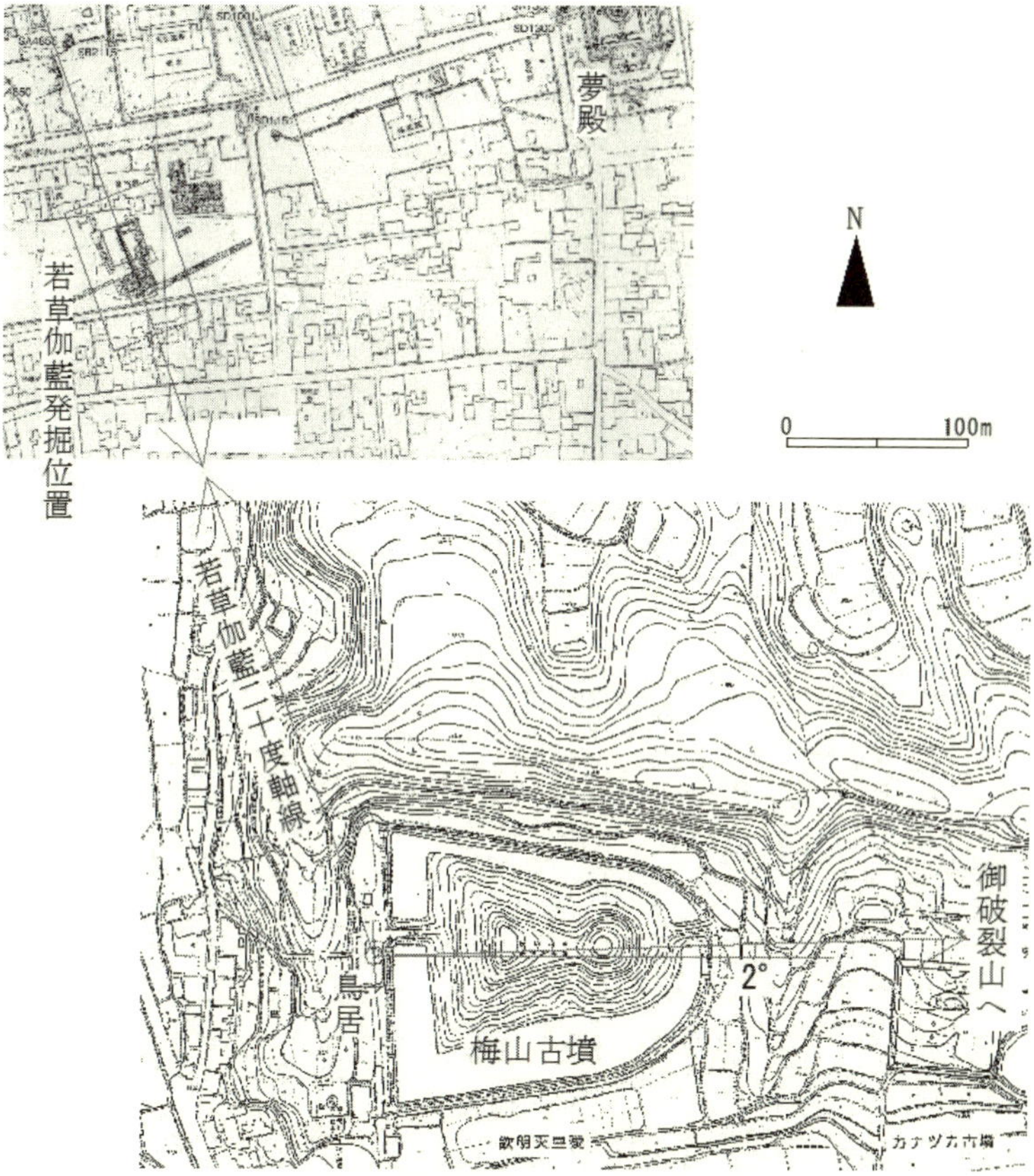

図・8　若草伽藍跡と梅山古墳の鳥居を結ぶ軸線

めであったとおもう。今ならオリンピックやサッカーのワールドカップの開催地のようなもので、競技場は当然ながら、空港の整備や選手村など歓迎の用意がされる。

　その歓迎の用意として、仏教による国づくりを披露する必要があった。なぜなら仏教は文明の象徴だったからである。それを見せて、隋による倭国侵攻を防ぐ意図があったのではないか。実際に隋は朝鮮半島を侵略している時期であった。のちの産業革命を受け入れた明治維新のようなもので、西欧による日本の植民地化を防ぐことに同じである。

　梅山古墳の域《めぐり》外の土山に柱を建てた光景を『日本書紀』は記しているが、隋の使者が来た時期ではなく、かなり後となっている。その時期は、欽明崩御から二〇年後の梅山古墳完成や若草伽藍建立がなった五九〇年頃からさらに三〇年後である。

　ようするに、欽明崩御から五〇年後にその陵に柱を立てるなど極めて不自然である。建造物は残ることから、物質として存在する建造物は記さねばならない。しかし、その建造物が存在した時間は変更することが可能と『日本書紀』の編者は考えているのではないか。

　編者の意図は、隋の使者の来訪を大きく扱いたくないということであろうとおもう。当時は敏達の皇后である推古が大王位とされていて、敏達の存在と業績が隠されている。『隋書』には、「男の大王に会った」と書かれていることから、唐朝によって書かれた『隋書』の方が、客観的で正しいことは明白である。敏達が大王であった事実も古墳も業績も破壊されて、歴史に名前しかとどめて

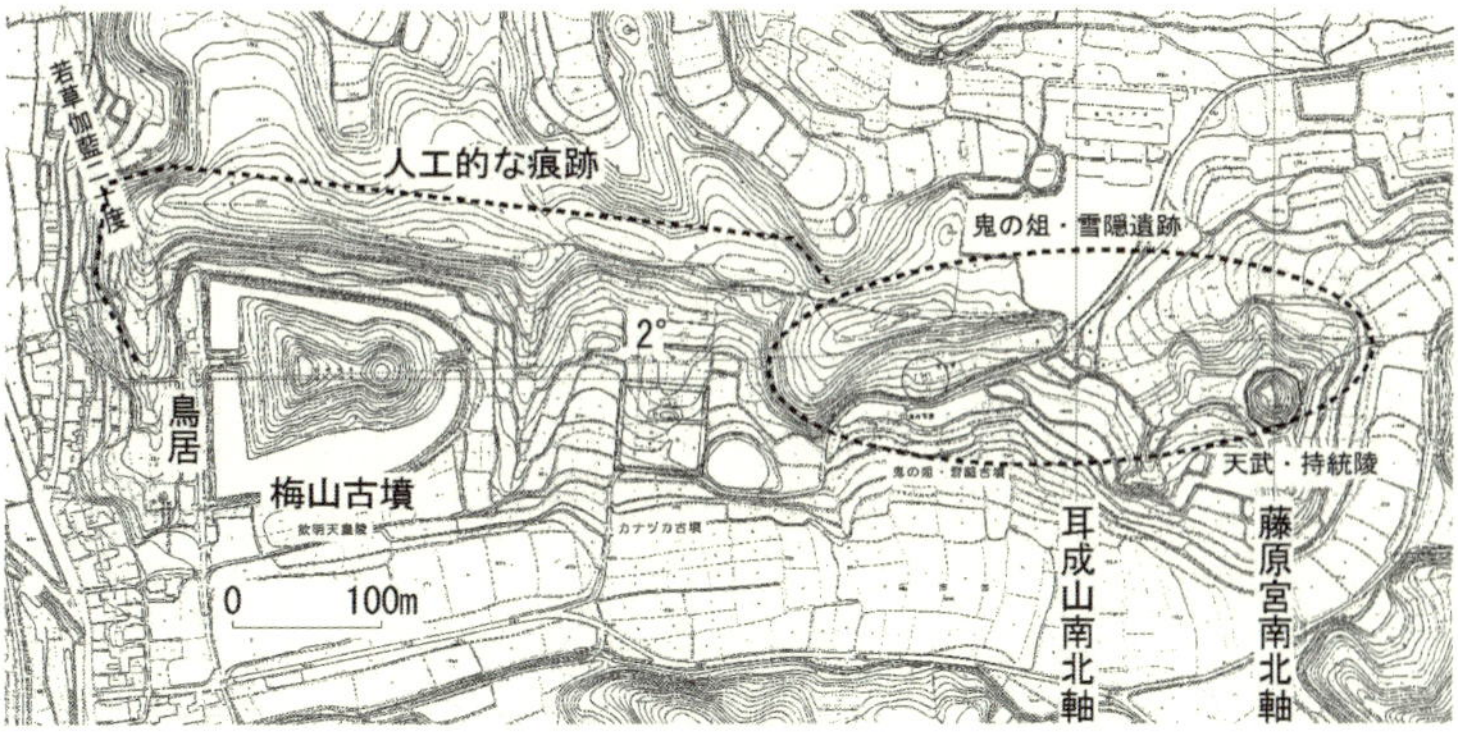

図・9　梅山古墳と域外《めぐり》と耳成山南北軸（明日村地図を利用した）

いない。そのような大王にしたのは誰か。

『日本書紀』の編者には敏達の怒りがどれほどのものか、おそらく想像がつくのであろう。そのために西院伽藍を建てる必要があったと推測する。「こころ」に後ろめたさがあるなら、その恐怖は計り知れない。

㈡　梅山古墳と御破裂山の東西軸

梅山古墳は地図でみると、中軸線は完全な東西軸ではなく、微妙に傾いている。日本列島では縄文時代から、周辺より少しでも高い山に向けて、人を葬る習慣があった（小林達雄著『縄文人の世界』）とされることから、ここでも古墳の中軸線を御破裂山の方に向けているとおもう。

そこで、御破裂山の頂上と梅山古墳を結ぶ軸線の角度を計算することによって、作図した軸線（水平に対して二度）を検証してみた。

梅山古墳は鳥居の位置として北緯三四・四六八六度、東経一三五・七九九八度であり、御破裂山の山頂は北緯三四・四七〇四九度、東経一三五・八六〇〇五度であるから、方位角八七・八一三〇度をえる。そこから九〇度を引くと、北側へ二・一八七度となり、約二度の傾きをえる。したがって、作図した角度と同じになる。

表・2　梅山古墳と御破裂山を結ぶ軸線の角度計算表

場所	緯度（北緯）	経度（東経）	方位角	軸線角度
御破裂山（山頂）	三四・四七〇四九	一三五・八六〇〇五	八七・八一三〇	二・一八七（九〇度―方位角）
梅山古墳（鳥居部分）	三四・四六八六	一三五・七九九八		

　このように梅山古墳の中心軸は、［図・9］のごとく東側に延びて、耳成山の南北軸と交差している。その交点にある破壊された古墳が鬼の俎・雪隠遺跡である。

　それらは梅山古墳の北側にある屏風状の土山が連なった先にあって、破壊されたとしても、人工的な土山の形状が残っている。

　その地形をみると、破壊された古墳の範囲として、天武・持統の古墳が藤原宮の南北軸上にあるが、それも範囲としておかしくないようにみえる。天武・持統陵の築造にあたって、破壊された古墳の一部を利用したかもしれない。そんな想像もされる形態である。

　破壊された古墳がどのようであったかは後段に譲るとして、耳成山の南北軸と梅山古墳の中軸線を交差させようと意図していることは確実であって、それは明らかに敏達が考えたことである。その古墳は『日本書紀』の編者にとって、あってはならない建造物であり、破壊されている。

また、梅山古墳の北側の屏風状の土山は人工的なものだが、その高さなら若草伽藍が望めたはずである。『日本書紀』に梅山古墳の「域外《めぐり》に土を積み上げて山を造った。各氏《うじ》に命じて、大きな柱を土山の上に建てさせた」とある。梅山古墳の北側の丘陵に朱色の列柱を建てることによって、朱色や金色に輝く若草伽藍と結んでいる。しかもその下には、大きな丸山古墳が横たわっているのである。かなりインパクトのある構図で、その軸線は強烈に意識されるであろう。

法隆寺東院伽藍夢殿（中心部）と高松塚（中心部）を結ぶ軸線の角度とその意味

（表・3）のように夢殿の中心部の緯度は北緯三四・六一四三度、東経一三五・七三八九度であり、高松塚は古墳の中央の位置とすれば北緯三四・四六二二二二度、東経一三五・八〇六三八九度であるから、方位角三三九・八五四〇度をえる。そこから三六〇度を引くと、西側へ二〇・一四六〇度となり、二〇度の傾きをえる。

表・3　夢殿と高松塚を結ぶ軸線の角度計算表

場所	緯度（北緯）	経度（東経）	方位角	軸線角度
夢殿（中心部）	三四・六一四三	一三五・七三八九	三三九・八五四〇	二〇・一四六〇 （三六〇度—方位角）
高松塚（中心部）	三四・四六二二二二	一三五・八〇六三八九		

夢殿（斑鳩宮建物跡）と高松塚の関係性を表す平面図は縮尺が異なっているが、角度は変わらないので［図・10］の如くとなっている。夢殿は八角形の平面をした建物である。八角形は天皇の古墳と同じ平面形となっていて、舎利を納める建物として造られてきた。その図の中には斑鳩宮の発掘図も描かれているが、遺跡の角度は真北から西側へ一五度の傾きとなっている。

高松塚の軸線は被葬者の顔の位置から延びて夢殿の八角形の中央部に至るが、その角度が二〇度になっている。こんなことが古代になされているわけで、葬る側の意思に驚かされる。それが斑鳩宮の一五度ではなく、若草伽藍の二〇度を使っていることは、若草伽藍という寺院の方に強い意思を感じるということであろう。

これは明らかに、若草伽藍と梅山古墳を結ぶ軸線を使っているが、若草伽藍が存在した時期ではなく、焼失後に設定されたようにおもう。

なぜなら、若草伽藍という仏教寺院と古墳という墓は見える建造物どうしの結びつきである。しかし、若草伽藍が焼失したのちには、その軸線は表面的には意識されないものとなった。古墳の位置を決定する根拠を見えるものではなく、見えないもので行ったという意味は、「こころ」を表すことではなかったか。

つまり、後述しているが、奥に秘めたものを感じさせるような日本列島に独特な「奥への見えない軸線」となったとかんがえる。

したがって、高松塚と斑鳩宮あるいは夢殿との結びつきは若草伽藍の焼失後に秘めた軸線として、設定されたものではないか。それは、被葬者の希望ではなく、葬った側が被葬者の心を推しはかって設定した軸線となっている。

なぜそのようにおもうのか。それは後述するように、石室の壁画や副葬品が物語ることに同じはずであって、高松塚が「鎮魂の構図」となっていることである。

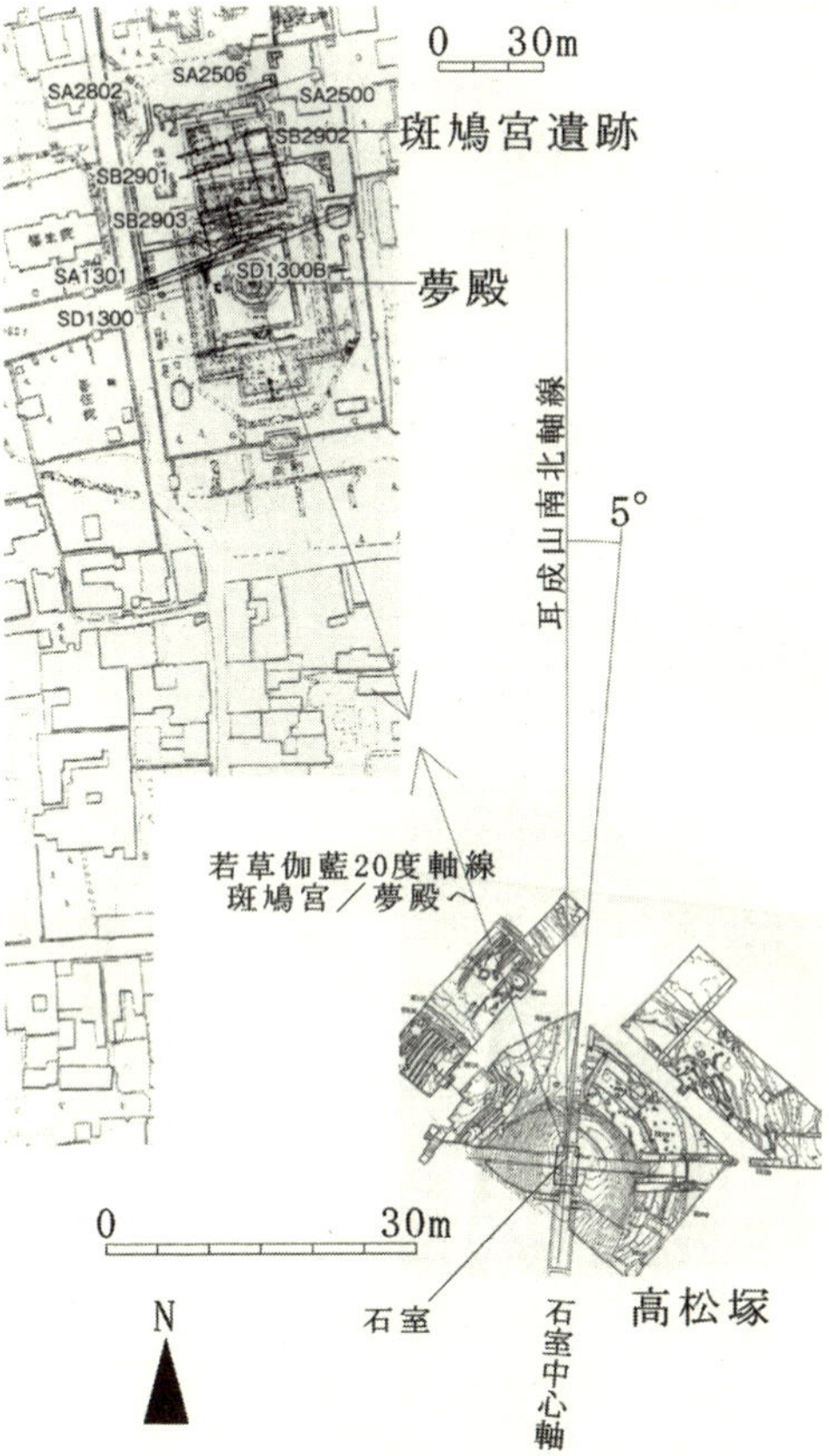

図・10　夢殿（斑鳩宮建物跡）と高松塚の関係性
（奈良文化財研究所『高松塚古墳の調査2006』の図を利用した）

研究によれば、壁画の男女群像は黄泉の国への従者であり、鏡、剣、玉は三種の神器であって、天皇の象徴であることを被葬者に思わせようとした。それらを、他の古墳に比較して閉塞感のある石室に閉じ込め、焼失した斑鳩宮跡地と結んだのである。

斑鳩宮と被葬者のあいだになんらかの因縁があると葬った側が思っているのである。高松塚の謎とはそのようなものである。

軸線の到達点が夢殿ではなく、なぜ斑鳩宮跡地なのかということだが、『日本書紀』で事件のあった場所が斑鳩宮だからである。夢殿の建立は七三九年で、夢殿で事件はない。むしろ、斑鳩宮跡地に夢殿が建てられたことこそ、この謎を解く鍵である。

斑鳩宮は六四三年に焼失したと『日本書紀』にある。聖徳太子の子の山背大兄皇子が襲撃された事件で、その二年後に乙巳の変が起きた。斑鳩宮が焼失した事実からみれば、六四五年の乙巳の変で焼失してもよく、六四三年に焼失したのか遺跡の区別はつかないだろう。

「いつ・誰が」などは自由度があることから、そこで誰が殺害されたかなどはどのようにもなるだろう。聖徳太子の実在性を問う必要もなく、そのようなことになる。

そして、葬った側が若草伽藍の傾きを使った理由はなんであろうか。若草伽藍を造った人物と高松塚の被葬者が血縁関係にあったことを示している。

さらに大きな疑問は、若草伽藍を造った人物と西院伽藍が関係しているのではないか。そうであれば、西院伽藍は若草伽藍の傾きを利用しているのではないか。というものである。

〔図・11〕は若草伽藍の発掘調査資料であるが、新たに西側の境界が判明した。それには、若草伽藍の境内の西側限界線を延長すると、西院伽藍の中門の中心柱に至ることが示されている。

図・11　若草伽藍西側発掘ラインと西院伽藍中門
（斑鳩町教育委員会「法隆寺若草伽藍跡発掘調査報告」を利用した）

西院伽藍と若草伽藍は建築的には別々の建物である。にもかかわらず、若草伽藍の一部を西院伽藍の出発点である中門の中心柱に応用している。それは、若草伽藍を受け継ぐ意味と取れる。

通常なら、別の建物なのだから、その一部の線を利用しない。隣地の敷地ラインに沿って建物を建てるなら仕方ないが、そうではないわけで、何か特別の理由があるということである。

また、中門の中心柱は法隆寺の七不思議となる柱であって、「怨霊《おんりょう》を封じ込める柱」（『隠された十字架』）とされているのである。

その建築的な意味は若草伽藍と西院伽藍が連続していることを示していて、若草伽藍を建てた人物が眠る墓が西院伽藍であって、中門の中心柱によって封じ込めたつもりだったのではないか。その人物は西院伽藍を造った人間にとって怨霊となっているのではないか。

以上のことは、歴史から隠され、古墳を破壊された大王である敏達がその被葬者ということを暗示している。そして、若草伽藍の軸線を使って葬られた高松塚の被葬者は敏達に血縁的につながる人物ということになるのではないか。

キトラ古墳（中心部）は檜隅寺の門を通って南大門の鯛石と結ばれている

表・4　キトラ古墳中心部と南大門鯛石を結ぶ軸線の角度計算表

場所	緯度（北緯）	経度（東経）	方位角	軸線角度
南大門鯛石	三四・六一一二六	一三五・七三四五	三四〇・〇六七八	一九・九三二二
キトラ古墳（中心部）	三四・四五一一二五	一三五・八〇五二七八		（三六〇度ー方位角）

キトラ古墳の中心部の緯度は北緯三四・四五一一二五度、東経一三五・八〇五二七八度であり、南大門の鯛石は北緯三四・六一一二六度、東経一三五・七三四五度であるから、方位角三四〇・〇六七

八度をえる。そこから三六〇度を引くと、西側へ一九・九三二二度となり、二〇度の傾きをえる。キトラ古墳と西院伽藍の南大門が結ばれていても、あまり意識されないが、檜隅寺跡地を通過しているとなると意味が異なってくる。檜隅寺は倭漢一族の氏寺となっているから、当然ながらキトラ古墳の被葬者の菩提を弔う構図である。これは若草伽藍と梅山古墳の関係を踏襲している。

そして、檜隅寺の中心軸は真北に対して西側に二三度となっていて、［図・3］に示すごとく、高松塚と藤ノ木《ふじのき》古墳が二三度で結ばれていることに驚く。また、檜隅寺の中心軸を延長した先に御坊山古墳群があるが、この話は別に稿を起さざるを得ない。

キトラ古墳から発する軸線は［図・12］に示すとおり、南大門の鯛石に至る。その軸線の意味をかんがえるなら、門前に鯛を奉げる構図だろうとおもう。

檜隅寺の建っていた周辺一帯を見渡すと、全体になだらかな斜面地から水平に突き出した平らな部分に寺が位置している。そこに建つ塔を想像するだけで、まさにランドマークであったとおもわれる。

その場所からは、下り坂の先にある梅山古墳のかなたに、斑鳩が見渡せられる。おそらく、そのロケーションに意味があり、キトラ古墳の被葬者が檜隅寺と若草伽藍や西院伽藍と関係を持つことを強く望んだようにみえる。

キトラ古墳の築造の時期的な問題として、六八六年に檜隅寺に対して「三〇年に限り、一〇〇戸を封ず」(『日本書紀』)とあるように、その時点には檜隅寺があったとわかる。

また、七世紀前半の軒丸瓦が出土していることから、六八六年の檜隅寺は再建された伽藍とされている。そのようなことから、六八六年前後がキトラ古墳の築造時期とかんがえられ、高松塚と共通な時期が推測される。

[図・12]のキトラ古墳の平面図だが、石室の中心軸の角度は真北に対して、西側に一四度振れている。考古学者の来村多加史が著した『高松塚とキトラ―古墳壁画の謎』によれば「キトラ古墳の石室は地球の自転軸によって測定された真北よりも西へ一四度、高松塚古墳の場合は東へ五度ばかり振れている。」とあるように、高松塚における耳成山の南北軸という主軸に対して、右回り(東へ)に五度振ることが共通とすることもかんがえられる。

その場合、キトラの主軸は何度になるか計算すると。石室の中心軸は一四度で、その角度が右回りに五度振られているとすると、主軸は一九度ということになる。

それは若草伽藍の二〇度に近づくわけで、何か主軸に対して、右回りに五度振るというようなルールが存在するように感じる。主軸からはずすのが礼儀とか、頭《こうべ》を垂れるなどの感情的な意味があるようにおもう。偶然にそのようにしたということはありえない。

そこで、檜隅寺の門跡とキトラ古墳が関係しているのでないかと予測するので、方位角を計算してみた。

（表・5）に示すように、キトラ古墳の中心部の緯度は北緯三四・四五一二五度、東経一三五・八〇五二七八度であり、檜隈寺の門は北緯三四・四五六六八度、東経一三五・八〇三〇五四度であるから、方位角三四一・二五六五度をえる。そこから三六〇度を引くと、西側へ一八・七四三五度となり、一九度の傾きをえる。

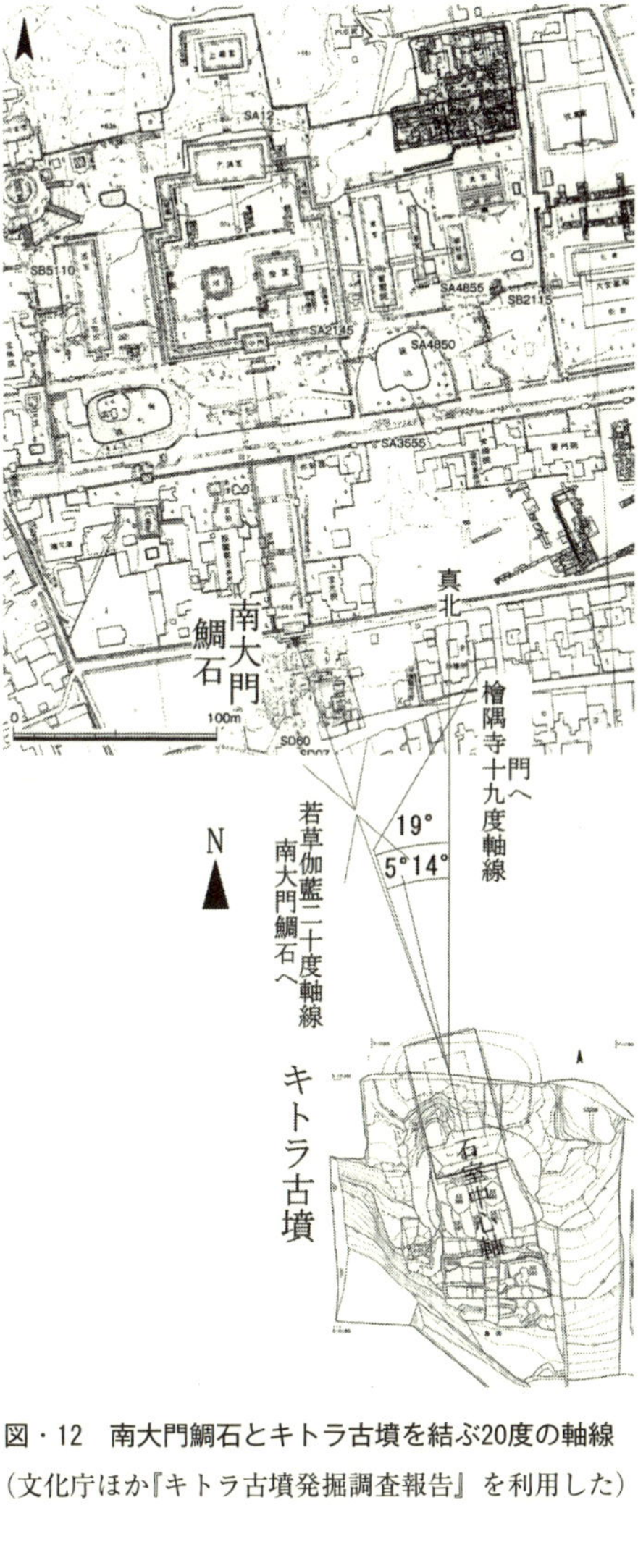

図・12　南大門鯛石とキトラ古墳を結ぶ20度の軸線
（文化庁ほか『キトラ古墳発掘調査報告』を利用した）

表・5　キトラ古墳中心部と檜隅寺の門跡を結ぶ軸線の角度計算表

場所	緯度（北緯）	経度（東経）	方位角	軸線角度
檜隅寺門跡	三四・四五六六六八	一三五・八〇三〇五四	三四一・二五六五	一八・七四三五
キトラ古墳（中心部）	三四・四五一一五	一三五・八〇五二七八		（三六〇度―方位角）

したがって、古墳の築造に関して、主軸に対して右回りに五度振るというようなルールがあるとしたら、キトラの主軸は檜隅寺と関係する一九度となって、計算で求められた角度に合致する。

逆にかんがえれば、キトラ古墳は二つの角度によって、位置が決められているようにおもう。ひとつは西院伽藍の南大門鯛石と檜隅寺の門前を通りキトラ古墳の中心部に至る二〇度の軸線であり、もうひとつは檜隅寺の門からキトラ古墳の中心部に至る一九度の軸線（主軸）である。

この二つの軸線の交点にキトラ古墳が築造されているのではないかとおもう。そうであるならば、この位置は世界でひとつの場所になる。

軸線が古代史を変える

結果として、［図・3］の軸線概略図及び以上の計算結果から、耳成山の南北軸と若草伽藍の二〇度という角度で古墳や建物の位置関係が成り立っていることがわかる。

したがって、これらの関係性が歴史の闇を紐《ひも》解《と》く一助となることは確実であると言える。特に法隆寺において、その創建年も定かでなく、若草伽藍がなぜに二〇度の傾きがあるのかさえわからない現状にあるわけで、軸線がその糸口であるとおもっている。

軸線でつながることこそが人間の感情や意思が建造物に込められていることの証明ではないか。それが、呪術的であろうが何だろうが、それが人間の「こころ」であろう。それを研究しなければ、なにもわからないのではないか。

その軸線を研究することによって、キトラ古墳や高松塚の被葬者の特定につながることのみならず、古代史を塗り替えることになる可能性もでてくる。あらためて、法隆寺若草伽藍がなぜに二〇度傾いているのか。その理由を問う必要を感じる。

この軸線の事実を認めない人は、偶然そのようなことになっているというのであろうか。あるいは、方角など、呪術的で科学的でないというのであろうか。方角にかかわる家相は『家相の科学』（清家清著）をみると、科学的に正しいものが多く含まれているとおもわれ、必ずしも全て否定されるものではない。

二〇度の軸線が四本も古墳と建物を結びつけている事実こそ、近代が失ってきたものではないか。建造物には人間の意思や感情が込められているのであって、軸線は「こころ」という赤い糸かも知れない。つまり、それらを研究しないという姿勢が被葬者の特定につながらない理由なのではないか。

軸線とはなにか

見えない軸線

わたしは一〇年ほど前から大学の社会学部で環境系の授業を担当している。最近は、日本列島に住む人びとの空間意識を研究し始めて、その中から、前述した軸線を発見した。

軸線とは、一般的に目に見える広場と広場を結ぶ街路を指す都市デザインの用語であって、二つのランドマークを直線的につなぐ広場や街路や建物群という意味で使われるのが通常である。

パリのシャンゼリゼ通りのように、ルーブル宮からエトワール広場の凱旋門、さらにデファンスのグラン・アルシェ（新凱旋門）までの間が典型的な都市軸といえるだろう。

それは、フランス皇帝となったナポレオンが戦勝記念の凱旋門をルーブル宮から眺められるように設定したことから始まった。凱旋門はナポレオンの力の象徴であったといえる。

日本では、わたしの師である世界的建築家・丹下健三が設定した広島の原爆ドームと原爆資料館を結ぶ軸線が有名であり、原爆ドームを象徴的に扱うことによって、原爆の悲惨さを世界に訴える軸線として機能している。

そのような軸線は西欧の概念であるから、この日本列島にそのようなものがあると信じられない人もいるかも知れない。だが、別のかたちで存在しているとかんがえる。

たとえば、江戸城の東にある上野寛永寺には徳川の歴代将軍が葬られている。隣接して東照宮があるが、その真北に徳川家康を祀る日光東照宮が造られ、そこから「東照宮網」とでも呼ぶような、全国各地に東照宮が配置されていることはあまり知られていない。

それらは、徳川の支配が全国に及ぶように呪術的に仕組んでいるのであり、正確に東西南北の軸線を辿って配置されている。ただ、それは目に見える形となっていない。

また、伊勢神宮は倭京から太陽の登る方向の東に造られ、太陽神である天照大御神が祀られている。つまり、天照大御神のいる伊勢神宮は東西の軸線で倭京と結ばれているとしてよい。だが、その軸線は見えない。

伊勢神宮や出雲大社などに見られるように、鳥居があって参道は続いているが、深い森林に囲まれた本殿は見えない。参道を誰もが歩いて行くわけだが、暗黙裡《あんもくり》にこの先に本殿があることを理解しているからであって、世界にも稀な「奥」へ導く線を感じ、「奥」に正面性をいだく「奥への見えない軸線」があるとかんがえるようになった。

「奥」の先に「神」の存在が認められる空間意識をこの列島に住む人びとが持っているとおもわれる。神の存在を認めるからこそ、「奥」に正面性をいだくのである。他国の人には、「奥」は隅《すみ》や端《はし》となっている。

わたしは日本列島においては、軸線は西欧の都市軸のように「目に見える線」と異なり、「目に見えない線」であるということが特徴となっているとかんがえるようになった。

それらは現代でも玄関を設け、玄関から「奥」が見えないことに引き継がれている。そのような傾向としての住居空間は朝鮮半島から続くユーラシア大陸には存在しない。

列島に住む人びとが他とは異なる空間意識を持っているとしても、軸線で結ばれていることは、一体何を表しているのだろうか。それらを解く鍵を現代人は持ち合わせているのだろうか。

わたしがそれらの軸線を発見できたのは「奥への見えない軸線」を感じられたからであって、偶然ではないことだけは確かである。

古墳の謎は日本の歴史の謎である。古代の空間意識を研究すれば、古墳の謎を解けるようにおもえる。古墳に被葬者の氏名を記す墓誌がなく、宮内庁の指定によって発掘が許可されない以上、それらを調査研究する手段がない。何か別の、今まで試したことがない試みが必要なのではないか。

軸線は「血縁」と「こころ」を示している

倭京にあった藤原宮の跡地に立って、南側の古墳の連《つら》なる明日香村方向をみると、低い山並みが屏風のように立ちはだかって、古墳のある奥はみえない。やはり、日本列島の人びとのもつ特徴ある空間意識である「奥への見えない軸線」があった。

そのような「見えない軸線」をなぜ構築するのか。わたしは、この列島の人びとが縄文時代から培ってきた空間意識とおもっている。「奥」への意識がそこに眠っており、都市像をも、その意識でつくりあげてきたとかんがえている。

軸線上の点には遺跡や古墳が存在し、それらの点を結ぶ「見えない軸線」に古代人は意味を込めたのだ。それらの軸線には意思や感情が含まれている。意思や感情は個人的なものでもある。それを解明すれば、古墳の被葬者が判明し、古代の建築物や都市を誰が造ったのかわかるとおもった。

法隆寺のもつ二〇度の軸線が結ぶこれらの事実は、科学の実験のように、古墳の被葬者が物理的に証明されるということである。歴史的事実とは物理から遠いものとかんがえるのが通常だが、点と点を結ぶ軸線の意味は、視覚化されれば、幾何学のようなものである。

古代の遺跡や古墳の関連性を読み解くことは、それらを計画し設計することの裏返しにすぎないのであって、遺跡資料や文献情報を正しく認識できれば、可能であるとおもっている。古代の空間意識を理解し、考古学的な事実を積み上げれば、古代の大王（天皇）が何を考えていたのか。その空間的な構想を逆にたどることができるようにおもった。

その結果として、わたしが述べることは確かに想像の産物かもしれないが、根拠を示し、根本は事実の上に成り立っているわけで、議論の対象であることに変わりはない。

歴史を研究することは、『日本書紀』などの文献を深読みすることも大切だが、それらは人間の感情にも左右されて正確でない怖れを含んでいる。百家争鳴で、それぞれが主張をしているような状態では真実は遠のくだけではないか。「奥への見えない軸線」を追究した方がはるかに科学的であろう。

四つの同じような「見えない軸線」だが、欽明天皇陵（梅山古墳）と若草伽藍の結びつきは、死としての古墳と仏教が結びついた最初の例ではないかとおもう。

死（墓）と仏教が結びついたことは、この日本列島において顕著であり、現在に至っている。神道との共存が図られているということであろう。

ただ、「見えない軸線」と言っても古墳と寺院は確実に存在していたのであり、若草伽藍の二〇度の傾きは倭京を指し示す都市デザイン的な意味があり、仏教による国づくりを象徴している。

確実に言えることは、欽明天皇（五七一年崩御）陵の築造時期と若草伽藍（五九〇年頃）の建設時期が近いことであり、子が親の菩提を弔う構図だということである。

それらを建造した人物は欽明の子である敏達大王（天皇）に相違なく、敏達は「不信佛法（仏法を信じられず）」という『日本書紀』の記述とは違う人物だった可能性がある。

敏達に「不信佛法」と書きながら、彼の在位の時期五七七年には百済から、「経論《きょうろん》若干・律師《りっし》・禅師《ぜんじ》・比丘尼《びくに》・呪禁師《じゅこんのはかせ》・造仏工《ほとけつくるたくみ》・造寺工《てらつくるたくみ》」各一人を招いたと書いている。それは仏法を信じられない人がする行為ではない。

これが飛鳥寺（五八八年）や若草伽藍の建設につながったのである。技術導入したからといって次の日から工事が出来るわけではない。何もないところから、生産開始するには技術者を育てるところから始めなければならない。

特に寺院の建築や仏像を造るためには、大きな保護政策が必要だったはずである。蘇我馬子ができる仕事ではない。『日本書紀』は若草伽藍をいつ誰が造ったのか書いていないわけで、書けない理由があったのだ。

敏達の業績を隠さねばならなかった理由はひとつしかない。敏達の業績が大きいと、その後の大王が注目され過ぎる。それは、おそらく舒明大王（天皇）であり、乙巳の変で殺害されたのは即位した舒明の子であるからである。高松塚の被葬者の、その大王は天智の兄弟ということになる。その事実を隠すためには敏達から始めなければならなかったのではないか。

敏達が造った梅山古墳と若草伽藍に、子が親の菩提を弔うことのように現代も変わらない構図があるのであれば、軸線から血縁関係がわかる。耳成山の南北軸線上の古墳も血縁関係を表し、北側から古い順番となっているようにおもわれる。

軸線が血縁関係を示しているとは別に、高松塚と斑鳩宮跡地の軸線やキトラ古墳と西院伽藍の軸線の意味は「こころ」をあらわすものではないか。

建造物を主体としてかんがえれば、斑鳩宮（六〇一年建立）は六四三年に炎上したとされ、斑鳩宮でなにかしらの事件が起き、その関係者が高松塚に眠る人物である。その被葬者は斑鳩宮に「こころ」が残っているだろうと埋葬した人たちは想像している。そのように思ったので、古墳と建物を結んだのである。

当然ながら建物（斑鳩宮）が先にあって、その後に高松塚が築造されたことは確実で、その被葬者がその建物やその建物にいた人に「こころ」が残っていると、埋葬者たちが思ったとわかる。高松塚の築造は夢殿の建立（七三九年）まで時代が下らないことから、廃墟となっていた斑鳩宮跡地に向けて葬ったとかんがえる。

つまり、「こころ」を軸線で表しているのである。その後に、軸線を意識して夢殿が造られた。順序はそのようであろう。

その場合、高松塚は怨霊とか呪術につながるかも知れないが、それらの根源意識のなかには、日本独特の空間意識、「奥への見えない軸線」があるとおもっている。それなら、科学的な話である。

しかしながら、わたしのできる範囲は限られているのも確かであって、古代の人びとの空間意識を手掛かりにするしか方法はないといえる。ただ、「奥への見えない軸線」を追うのは、これまでにないアプローチであり、「法隆寺コード」の幾重にもかぶせられた謎を解明する唯一の手段であろうとおもう。

日本列島人の空間意識

奥への見えない軸線

わたしは都市や建築を計画し、実際に造ってきた経験から、飛鳥時代の人びとがどのように都市を構想し、造ってきたか辿ることが出来るとおもった。

ただ、大学では歴史学や考古学を専門としているわけではないので、この話の分野に関しては専門外である。

しかし、日本列島の人びとの空間に対する意識に特徴があることがわかり、そこを突破口とすることを思い付いた。

また、最近の研究目的は、日本列島に住む人びとがもつ独特の空間意識がどこから生まれたかを探ることであった。簡単にいえば、「奥へどうぞ」という常套句《じょうとうく》であらわされる。そこから見えない「奥」とは「どこか」ということである。それは「奥への見えない軸線」があると結論付けた。

縄文時代から、この生物多様性の豊かな日本列島に住む人びとは定住することができた。その住む場所は、栗やクヌギなどの落葉広葉樹林や照葉樹林の繁る山地や高台であった。その土地で、祖霊をはるかかなたの山に頭を向けて葬るなどの習慣ができた。

その後、稲作の導入によって、平地に下りてきた人びとにとって、山地や高台は祖霊のねむる土地となった。その人びとの視点をかんがえると、「平地」―「山地・高台」―「深山」―「そら」というような軸が発生していた。これを「奥への見えない軸線」と呼んでいる。

西欧の都市の「軸線」は、パリのシャンゼリゼ通りなどの街路やグリーンベルトのような、目に見える線や帯となっている様をいうが、日本の場合は参道と本殿のような「奥への見えない軸線」となっている。そのような差異がある。

縄文文化が日本の根本であるという根拠は、『文学における原風景』で、奥野健男が次のように結論づけていることからくる。

「日本人がもっとも安息を感じる土地は四方山に囲まれたちんまりした平野、つまり山間処《やまと》である。」とし、「日本列島の人工の手が加えられないもともとの自然環境である照葉樹林及び落葉樹林の景観の方が、人工の加わった水田の続く稲作農耕の景観より、根源的な〝原風景〟なのである。」と述べ、「縄文時代の生活形態が、より深く根強く日本列島の民族の形成に与かっている」としていることによる。

また、哲学者の梅原猛が「『日本の基層文化は縄文文化である。』」（『人類哲学序説』）と述べることも付加される。

以上の理由が、日本列島の人びとの独特の空間意識を生んだわけで、日本列島の環境に影響されたものであり、「奥」に正面性を感じる唯一の人びとということになる。

それらは建築家の槇文彦によっても、日本独特の「空間意識」とは、「奥」や「奥性」といった概念であるとされている。『日本の都市空間と〈奥〉』で次のように述べられている。

「奥」や「奥性」とは都会の細い道の奥へと展開する「空間の襞の重層性」であり、槇自身が「世界中のさまざまな都市を見、歩いてみて他の地域社会になく、しかも日本においてのみ発見しうるもっとも特徴的な数少ない現象のひとつである。」としている。

また、建築史家の神代雄一郎が神社建築において、〈山宮〉―〈里宮〉―〈田宮〉を結ぶ軸線上に日本人の原初的時間と空間がある（『間（ま）・日本建築の意匠』）と述べることも「奥」を示唆している。

先にわたしが稲作の普及によって生活空間が変化し、そこで暮らす人びとの視点のなかに「平地」―「山地・高台」―「深山」―「そら」という軸が発生したと述べたが、その「山地・高台」や「深山」、「そら」が平地から見れば「奥」であり、神社にも稲作転換の影響があらわれ、〈田宮〉―〈里宮〉―〈山宮〉となったのである。

つまり、縄文時代の山地や高台での定住した生活がなければ、「山宮」のような「奥」への意識は生まれなかった。それは日本列島の生物多様性の豊かな環境によって生じた意識であって、そのような環境は世界では稀であることから、他国には正面性のある「奥」がないのである。

それらは、槇文彦が述べるように「奥の思想」というもので捉えられるのかもしれないが、その思想の全体像は未だ示されていない。わたしには、「奥」や「奥性」や「山宮」のもっと先に、なにか、「奥への見えない軸線」のような得体《えたい》の知れないものがあるように感じられた。それはおそらく神の「すがた」であろうとおもう。

北という方位の出現

若草伽藍の傾きはどのような意識のもとに造られたかを探るためには、北の方向への意識はどのようなものであったかを知らねばならない。

縄文時代にはストーンサークルというものがあって、冬至や夏至や春分や秋分の日などをわかるようにしていた。ただ、北という方位を建造物には応用していなかったのではないか。そのような例は未だ発見できていない。

定住していた日本列島では、食物栽培などもされていた（藤尾慎一郎著『縄文論争』）わけで、季節が変化する時期を測る必要性があった。定住していたからこそ、ストーンサークルという時計が使用できたのである。

建物なども特に北を意識せずに、三内丸山遺跡では冬至の日の出の方向に向けて祭祀などをおこなっていたようだ。ただ、日々の太陽の南中時はストーンサークルで意識されるわけで、南中の反対方向は意識にあったであろう。そして北極星も移動の際には利用していたとおもわれる。

弥生時代の後期（三世紀後半）まで存在していた佐賀県の吉野ヶ里遺跡は、大規模な環濠集落であった。そこには祭祀に使われたとされる三層の建造物がほぼ南北に建てられ、墓の墳丘もまた南北方向に造成されている。

しかし、その後の古墳時代は北を意識していたかとなると、古墳の方向は一様ではなく、なにかの法則というものは感じられない。周囲より高い山の方向に向けて葬る傾向が強いのは縄文時代からで、丸山古墳や梅山古墳でもそのようであった。その意味では吉野ヶ里遺跡が特殊なのかもしれない。

北をはっきり意識して建造物に利用したのは、仏教伝来以後ではないかとおもう。建築では蘇我馬子が五八五年に建てたとされる大野丘北塔（和田廃寺）や五八八年の飛鳥寺が最初であったのではないか。まさに、大野丘北塔には「北」の文字がはいっている。

仏教伝来と共に、建築技術が輸入された。それは測量技術を伴っていたわけで、碁盤目状の道路が築造可能となる。建物を造るより道路の方がどちらかといえば簡単である。建築の基礎を造ると同じ方法で道路はできる。仏教伝来と共に孔子の書物や『周礼《しゅらい》』のような書物が導入された可能性があり、そこには模範例として碁盤目状の道路のある都市図が描かれている。

いわゆる藤原京以前の都市について、天武天皇の時代に倭京には二四もの寺院があったという。

仏教寺院の建設には、柱・梁などの大量の木材や大石が必要となるわけで、それらを運ぶのは主に運河だったようだが、最終的には地表を運ばねばならない。

そのためには道路が必要である。修羅《しゅら》という「そり」に載せて運ぶのだが、平らな地表がどうしても必要になる。つまり、碁盤目状の道路が先行して造られていたのであって、そうでなければ建築はできないのだ。また、都市がなければ、大野丘北塔のようなランドマーク・タワーを建てる意味もない。

北を意識した碁盤目状の道路は耳成山の南北軸を中心として造られたのではないか。その証拠に、耳成山の軸線上に大野丘北塔が建てられた。

それは都市の南の境界線であった可能性が高く、倭京の南京極《きょうごく》（都市の南端）であったとおもう。そして、大野丘北塔はその都市を造った人物が建てたとするほうが自然である。

景観的にも、大野丘とされる丘は現在では住宅地となっていて確認できないが、なだらかな丘陵地であったようにおもう。

そのような地形で耳成山との関係性をつくるなら、やはり何かシンボルが欲しくなる。そこで考え出されたのが塔であったとおもう。飛鳥寺や若草伽藍のような中心性を好む性向がある大王なら造りたくなるところだ。

その人物は当時の大王、敏達であって、蘇我馬子とするのは不自然である。また、「北」を意識するのは中国でも皇帝であって、大臣ではない。

つまり、蘇我馬子という傀儡《かいらい》を創作して、敏達の業績を消しているのではなかろうか。『日本書紀』が倭京や若草伽藍を造った人物の名を書けない理由があったのであり、すべてを蘇我馬子や聖徳太子が造ったとも書けないのである。そのようにかんがえれば、『日本書紀』の内容も納得できるが、それには証明が必要となる。

結果として、少なくとも北という方角が意識されているなら、若草伽藍の二〇度の傾きは意味を持っていたのである。なぜ傾けたのか。斑鳩の地形の影響ではなく、南北軸で建てられている四天王寺と飛鳥寺のあいだの寺院として、二〇度が意味をもっていたのである。

斑鳩と倭京を結ぶ筋違道の角度も二〇度であり、飛鳥川の流れ方向もおよそ二〇度である。それらは明らかに意図した都市デザインとなっている。

『日本書紀』の意図

『日本書紀』と土木・建築物

歴史書の中で、「いつ・誰が」は変更可能だが、土木・建築物の年代はそれほど動かせないとおもう。『日本書紀』の編者もそうおもっていたのではないか。

土木・建築物は遺跡となって物理的に存在しているわけで、現在ならそれらは調査すればわかる。それをいつ誰が造ったか、或いはその建物で誰それが殺害されたという「いつ・誰が」は文献の上では変更可能である。そのようなことが「『日本書紀』ではありえない」と断定できない。

それでは、『日本書紀』は本当のことを書いていないかと言うと、それは違うだろうとおもう。すべてを創造することは困難で、リアリティを欠くことになるのではないか。

確かに、「事実は小説より奇なり」ということわざがあるが、書いていることは本当に起こったことであろう。最も隠したいことを除いて、「いつ・誰が」を変更すればよいだけである。「いつ」という時期はそれほど動かせないが、「誰が」はまったく別の人間とすることができる。そのような視点でみないと、『日本書紀』を読み解けないとかんがえる。

特に『日本書紀』最大の事件で、大化の改新で有名な、のちの天智天皇と藤原鎌足が蘇我入鹿を暗殺する「乙巳の変」が六四五年に起きた。その二年前の六四三年に聖徳太子の子である山背大兄皇子が斑鳩宮で襲撃され、斑鳩寺（若草伽藍）で自決している。理由はともかく建造物を主体にみれば、それらは同時に起きたかも知れないということになる。

たとえば、古墳と建築物が軸線でつながっている事実から、そのようなこともありうるということである。斑鳩宮と高松塚がつながっているなら、斑鳩宮での事件は他にはなく、六四五年に起きた可能性も否定できない。

発掘によって土木・建築物は確実に存在が証明されるが、「いつ・誰が」は書かれている事項が真実とは限らないということである。

倭京の中心は耳成山の南北軸であった

耳成山の南北軸線や梅山古墳の東西軸線が設定された時期は、藤原宮の南北軸と比較して、どちらが先なのかという問題がある。それは明らかに、耳成山の南北軸の方が先であろうとおもう。なぜそのようなことが言えるのか。

六一〇年頃の軸線図［図・4］などにあるごとく五八五年に大野丘北塔（和田廃寺の塔）を蘇我馬子が建てたと『日本書紀』にあることから、当時から耳成山の南北軸線は意識されていたとかんがえる。

大野丘北塔はランドマーク・タワーだったのではないか。ランドマークを造る意味は軸線を意識させることであるから、耳成山の南北軸線を強調することであり、仏教寺院の塔をそこに置いたとかんがえられる。

つまり、倭京には碁盤目状の道路を持つ都市があったとおもわれる。その証明は第二部等で述べているが、そこは耳成山と大野丘北塔を中心軸とした都市であった可能性がある。その証拠に、六九四年に遷宮された藤原宮の遺跡の下から道路や運河跡が発掘されている。

その碁盤目状の道路はいつ完成されたのか不明であるが、隋の使者が来た時にはあった可能性が高い。なぜなら、都市に関しては『隋書』には「城郭はない」とだけ書かれていた。その「都市を囲む城壁はない」というのは彼等には異常なことであり、そこが印象に残ったのである。逆にかんがえれば、使者にとって、常識的な碁盤目状の道路はあったということである。

隋の使者がなぜ「城郭」にこだわったのか。それは朝鮮半島からユーラシア大陸の果てまで、都市には「城郭」があるからで、それがなかったから記録されているのである。反対に碁盤目状の道路は常識であった。

わたしには碁盤目状の直線道路があった都市だからこそ、大野丘北塔のような塔を建てたとかんがえる。広場もない迷路のような都市や野原の真ん中に、塔は建てない。迷路のような都市（モロッコのフェズなど）では、塔を建てても街中から見えない。また、野原の真ん中では人がいないわけで、塔を建てる意味がないのである。

倭京にある飛鳥寺や若草伽藍、四天王寺、橘寺には塔があって、中心性を強調した伽藍配置が特徴となっている。その証拠に橘寺と飛鳥寺は直線道路によってつながり、その他は軸線によって結ばれていることから、それらは意図されているのである。

それは、仏教を推進した大王（敏達）がそれらをデザインしたとかんがえる。蘇我馬子が造ったとするより、はるかに自然である。また、大野丘北塔の発掘によれば、飛鳥寺と同じ型からつくら

れた軒丸瓦が出ているという。（『和田廃寺の第二次調査』奈良文化財研究所）

以上のことから、耳成山の南北軸線と梅山古墳（欽明陵）の東西軸線の交点を設定したことに意味があり、それを行える人物は明らかに欽明天皇の子とするのが自然であろう。二つの軸線を交差させることを思いついた人物は敏達ということである。

しかし、日本の歴史ではそのようになっていない。六九四年に藤原京ができたとされていて、碁盤目状の道路はその時点で造られたという認識となっている。その理由は『日本書紀』に六〇〇年前後の都市のことが一切書かれていないことであろう。

近年、藤原宮の遺跡の下から道路や運河跡が発掘されて、六九四年以前から都市があったのでは、となっているにすぎない。その原因は『日本書紀』において、敏達の業績を隠さねばならないことであったとおもわれる。

それでは、『日本書紀』はなぜ敏達の業績を隠さねばならないのか。それが大きな謎であって、「法隆寺コード」である由縁となっている。

敏達が古墳を破壊され、業績を歴史から抹消された理由

『日本書紀』の編者にとって、敏達の業績は都合が悪かったということである。敏達は土木・建築物だけをとっても、倭京という都市を整備して、飛鳥寺、若草伽藍、四天王寺、橘寺などの仏教

寺院を造り、斑鳩宮や梅山古墳を築造したのである。その業績はすばらしく、それを記録することは、『日本書紀』の編者にとって、都合が悪かったと考えている。

はっきりしていることは、耳成山の南北軸線上に高松塚があることであって、そのことを隠す必要があったのではないか。しかし、それらを解明するには条件が少なすぎる。

耳成山の南北軸線上の高松塚の位置がどのように設定されたのか。そのことがわかれば被葬者が誰なのかわかるはずである。そのためには、現在までわかっている情報を整理してみよう。

隋の使者が倭京にやってきた六一〇年頃の軸線図［図・4］や［図・15］に絞って考えてみると。若草伽藍は偶然に二〇度傾いていたのではなく、理由があった。

焼失した若草伽藍の二〇度の傾きを持つ中心軸線を南東に一七キロメートルほど延長した先に、奈良盆地最大の前方後円墳である丸山古墳があり、さらにその奥の前方後円墳の梅山古墳に至る。

この軸線の意味として確実に言えることは、日本列島において、古墳という「墓」と仏教寺院が結びついた最初の例ということだ。

「大王である子が大王であった親の菩提を弔う」という構図であり、倭京の方向も示している都市デザインともなっている。目に見えない軸線には「こころ」が表わされているのである。

梅山古墳は欽明天皇陵とされていて、その中心軸はほぼ東西軸となって、東側に伸びている。その梅山古墳の東西軸線を延長すると橘寺の背後にある仏頭山を通り、御破裂山に向かっている。

伝承だが、六七八年に御破裂山の南側に藤原鎌足を祀る多武峰妙楽寺（談山神社）が造られた。そのことから、藤原一族が御破裂山になにかしらの感情を抱いていることがわかる。また、御破裂山の北側に蘇我馬子に殺害された崇峻（天皇）が葬られていることも気になる話である。さらに、御破裂山などという名も変である。

梅山古墳の東西軸は耳成山の南北軸と交差して、その交点に「鬼の俎・鬼の雪隠」遺跡がある。それが欽明の子の敏達大王（天皇）の古墳とかんがえられ、それは破壊されている。それらはなぜに破壊され、敏達が歴史から抹殺されなければならなかったのか。破壊された古墳と結ばれた破裂した山など。その謎の解明こそ、高松塚の被葬者に迫る道である。

敏達は蘇我と聖徳に分割されたのである

若草伽藍は五九〇年頃に建てられたが、誰が建てたか『日本書紀』には記載がない。だが、飛鳥寺は五八八年に蘇我馬子が建てたと記載され、四天王寺は五九三年に建てられたが、誰だとは明確に記載されない。

わたしには、それらの建築群は塔を中心とした中心性の強いデザインであって、共通性があり、年代的にも同時性がある。それらの建築群は、簡単に言えば、意匠登録されたもので他人が流用できるものではないということだ。同一人物かその身内が建てたとするほうが自然である。

しかし、『日本書紀』ではそのようになっていない。蘇我氏が仏教興隆に努力している様が記載されているわけで、飛鳥寺、若草伽藍、四天王寺は蘇我氏が建てたとするほうが必然的だが、そのようになっていない。したがって、飛鳥寺は建てられたが、蘇我馬子が建てたとは限らず、「誰」が建てたかは流動的だとかんがえられる。

つまり、若草伽藍は大王（天皇）が建てたとする方が自然であるが、『日本書紀』には記載がなく、若草伽藍を誰が建てたかを示すことは、その編者には都合がわるいということである。

ただ、軸線と古墳との関係をみれば、梅山古墳の被葬者は若草伽藍を建てた人物の親とするのが自然である。また、丸山古墳の被葬者とも関係するかもしれない。

このことによって、仏教寺院の若草伽藍を造った人物は梅山古墳の被葬者の子の敏達大王（天皇）であって、破壊された古墳の被葬者の可能性が高いことがわかる。つまり、大王である子が親の菩提を弔う寺院と墓を造り、みずからの墓の位置（鬼の俎・鬼の雪隠遺跡）を決めたということである。

しかし、『日本書紀』には、敏達は「不信佛法而愛文史」とあり、仏教を信じられずに文学や歴史を愛したとある。当時の仏教は文学や歴史の最先端の情報であったはずで、『日本書紀』の記述には矛盾をおぼえる。また、五七七年に百済から寺院建立のための人びとを招聘《しょうへい》していることとも矛盾している。

そのことから重大な疑問が生じる。『日本書紀』は敏達の業績を隠したのではないか。若草伽藍を誰が造ったか書けない理由がその辺りにありそうだが、若草伽藍は焼失してもなお隠すわけにはいかなかったのである。

それは聖徳太子を敏達の分身として蘇らせるためでなかったか。「蘇我聖徳」という文字は「我は聖徳として蘇る」と読める。敏達の業績を聖徳太子と蘇我一族に分割したのではないか。『日本書紀』にはそのような「しかけ」が施されているとおもうようになった。

敏達はおそらく「信佛法而愛文史」であった。仏教を信じ、文学や歴史を愛したのである。飛鳥寺、若草伽藍、四天王寺、橘寺は伽藍配置から共通性があり、同じ人物が全体を考えたとする方が自然におもえる。

中国の隋の使者がそれらを見学して「仏教を敬い」（『隋書』）としているのは寺院が多くあった証拠である。その敏達をそのままにすることは、『日本書紀』の編者には都合が悪かったのである。

これらのことは古墳の軸線の事実から証明されるとかんがえているが、同時に蘇我一族と聖徳太子の実在性も否定しなければならない。

第一章　法隆寺・キトラ古墳・高松塚の背景

話をさらに進める前に、法隆寺やキトラ古墳や高松塚について、基礎的な知識や疑問点を仕入れておく必要があるだろう。

それには、法隆寺の七不思議にかかわる話、高松塚やキトラ古墳の因縁、石室の形状と壁画の共通点や違いを明らかにする必要がある。ただ、それらの解説が目的ではなく、古墳の被葬者に辿りつくための最小限の情報しか述べていないので、物足りない点は文中の参考図書を参照していただきたい。

法隆寺とはなにか

歴史的背景

京都・奈良は中学や高校のときに修学旅行で訪れた人も多いのではないか。そこでよく行くところが法隆寺西院伽藍である。奈良盆地の中央部の西側、斑鳩の地に法隆寺はあるが、盆地の北部は七一〇年遷都によって平城京となり、南部にはそれまでの都であった「いわゆる藤原京（倭京）」と呼ばれる古代都市があった。それらの都市に住んだ人達との関係が法隆寺の歴史でもある。

また、法隆寺東院伽藍の夢殿は都が平城京に移ってのちの七三九年に建てられた。建設の事実は歴史書に記載されていないが、六〇五年から聖徳太子が住んだとされる斑鳩宮の跡地に建てられている。

なぜに修学旅行で法隆寺に足が向くのだろうか。日本および世界で、現存する最古の木造建築の寺院であり、現在では世界遺産にもなっていることもあるが、話題の多い寺であることが原因である。

話題が多いのは「よくわからない寺」であることで、江戸から明治や昭和まで学者の間で論争が続いたことも影響しているのではないか。はたまた、平成の今回まで、その話題は尽きることがないようである。

その論争とは、法隆寺（西院伽藍）が再建されたのか、また、建てられたまま現在まで続いている非再建なのかというもので、焼失した若草伽藍が一九三九年に発掘されて論争が終結した。

「よくわからない寺」というのは『日本書紀』やそれに続く『続日本紀』という日本の歴史書に扱われているのだが、その内容が非常に曖昧《あいまい》なことである。

その歴史書に出典する若草伽藍および西院伽藍と斑鳩宮に関する記事を次に掲載した。

法隆寺西院伽藍

六〇一年　厩戸豊聡耳皇子《うまやとのとよとみみのみこ》（聖徳太子）斑鳩に宮を建てる
六〇五年　厩戸豊聡耳皇子斑鳩に移る
六〇五年　厩戸豊聡耳皇子法華経を講じ、それを斑鳩寺《いかるがてら》（若草伽藍）に納める
六二一年　厩戸豊聡耳皇子斑鳩宮にて死す
六四三年　斑鳩宮焼失、蘇我入鹿が山背大兄皇子（聖徳太子の子）を襲う。その後斑鳩寺（若草伽藍）で自決
六六九年　斑鳩寺で出火
六七〇年　法隆寺（若草伽藍）で出火、一舎《いっしゃ》も残らず焼ける
七一五年　法隆寺（西院伽藍）で法会を行い、食事を供す
七三八年　鵤《いかるが》寺（西院伽藍）に食封《へひと》二百戸を施入

（　）内は筆者が付け加えた

以上が『日本書紀』と『続日本紀』（七三九年まで）に出典する記事である。

法隆寺の文字は焼失した時と、再建されて法会を行った時の二度しか出てこない。つまり、その間に再建されていたことが確実視されるところをみると、『日本書紀』と『続日本紀』の編者も、そこで法隆寺の文字を続けて書くところが、気づかいしている証拠のようにみえる。

また、夢殿は正史には出典しない。このように、いつ建てられたのか。いつ再建されたのか全くわからない。

たとえば、天智天皇の時代の六七〇年に一舎も残らず焼けたとあるが、その寺を「いつ・誰が」造ったのか書いていてない。歴史書なのだから、順序を守って「誰それが何年に建てたが、何年に焼けた」と書くべきであろう。いきなり焼けたと書かれても、読む側にとってわけがわからない。論争が起こる原因を『日本書紀』がつくっているのである。

曖昧なことしか書けないのなら、最初から何も書かなければよいのだが、そのようなわけにはいかない理由があったのである。しかし、いままでその理由に踏み込んだ人は哲学者の梅原猛しかいなかったのではないか。

学者たちの論争はおもに建築様式や仏像彫刻や絵画などの様式論に終始して、その時代を生きた人びとの感情から論を起こす話は新鮮に映った。

梅原の著書『隠された十字架―法隆寺論』によれば、西院伽藍は通常の寺ではなく、聖徳太子の怨霊を鎮魂する寺ということであった。

今までわたしはその理論を信じてきたが、このたび、高松塚やキトラ古墳までも法隆寺に関連することがわかって、梅原の理論を認めながらも、関係する人物を変更する必要があるとおもった。そこで、この『法隆寺コード』を書くことにした。

法隆寺と言って、ひとつの寺院のように呼ぶが、若草伽藍と西院伽藍は別の場所に、異なった伽藍配置の建築物として建てられたものである。それをなぜ同じ名称としなければならなかったか。それこそが謎ではないか。また、なぜ「よくわからない寺」のまま歴史書に書かねばならなかったのか。

それらの謎も軸線によって解けたようにおもう。その結果、それぞれの法隆寺をいつ誰が建てたか。推測する基盤がひとつできたとかんがえている。

再建・非再建論争

法隆寺を「いつ・誰が」造ったのか『日本書紀』に書いてないことによって、法隆寺は創建されてからそのまま現在まで続いていると唱える非再建派と焼失して再建されたとする再建派にわかれて論争が続いた。

しかし、一九三九年、現在の西院伽藍の南東方向の別の場所で若草伽藍が発掘された。『日本書紀』に書かれているように、六七〇年頃に焼失し、現在地に再建されたことが、ほぼ証明されたのだ。

それによって、再建・非再建の論争は収束したが、なぜ六七〇年に焼失したと記載されているのに非再建論がでるのか、という疑問がある。

それは、西院伽藍のデザインが古い五〇〇年代末の飛鳥様式であったためで、古い様式なのだから再建されているわけはなく、「六七〇年に焼失した」という記事は『日本書紀』の記載間違いであると考えていた。六七〇年頃は白鳳《はくほう》様式で、焼失して再建されたなら飛鳥様式となっているわけはないという論理である。

また、再建派にしても、焼失した証拠が西院伽藍の調査から出ないことで、再建されたとする決定的な話とならなかった。

したがって、非再建派にとっては、別の場所で発掘された若草伽藍が焼失した寺院であったとわかり、西院伽藍として再建されたと証明されてしまった。そして、再建派にとっては、西院伽藍は再建されていないと証明されたわけで、双方共に、事実とは別の架空の論理で論争していただけということであった。このことから発掘という証拠集めが重要だとわかる。

しかし、論争が終わっても、法隆寺の謎は残ったままであった。つまり、若草伽藍や西院伽藍をいつ誰が建てたのかわからないことに変わりはないのである。またそのことによって、若草伽藍が真北に対して二〇度の傾きがあったことは放置されてしまった。

その再建・非再建論争からさらなる疑問も生じた。なぜ西院伽藍を若草伽藍とは別の場所に建てたのか。なぜ全く別の場所に、別の伽藍配置の寺院を同じ名称で再建し、わざわざ古い様式で造ったのか。それが新たな謎として浮かび上がってきた。

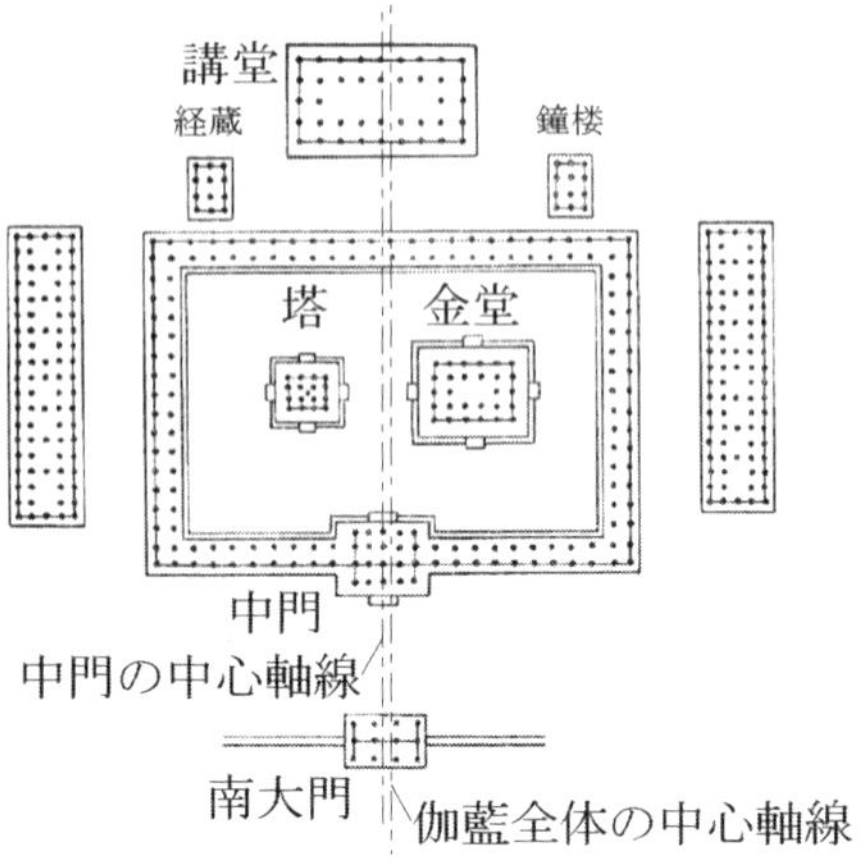

図・13　復元された創建当時の西院伽藍

法隆寺西院伽藍にある二つの中心軸

もうひとつ不思議なことがある。法隆寺西院伽藍の配置［図・13］をみると、中門の中心軸の右側に半間ほどずらして伽藍全体の中心軸を設定していることである。これは、耳成山の南北軸の右側に藤原宮の南北軸を道路間隔一本ずらしていることに相似している。

ふたつの中心軸を持つ倭京と一致する話は気味が悪い。その都市と寺院は同時期に造られているわけで、法隆寺西院伽藍を造った人物の意思ということである。それは呪術的なものだが、逆に、建造物が感情によって造られていることの証拠となっている。

建造物がすべて科学的に出来上がっていると思うなら、それは間違いである。建造物は人間の意思と感情の塊となっている。

みずからの家を想像して欲しい。それは、すべて科学的な理由から選択されているのであろうか。そうではなく、色や形や間取りなどデザインや使い勝手に左右されているはずである。使い勝手などは人によって異なる。

その好みが尊重されて、家が出来ているのであって、その家がすべて科学的な理由で出来ているとは言えないはずである。

住む機能のある家でも、必ずしも科学的ではなく、意思や感情に左右されるのであって、ましてや寺院などでは意思や感情が前面に出ているはずである。

したがって、建造物には意思や感情が込められているのであって、古墳に墓誌がないのなら、文字を頼りにせずに、位置や形態や副葬品を研究しなければならない。

そこから意思や感情を読み取ることが可能であって、古墳の被葬者がわかるのである。なぜなら、意思や感情は個人的なものであるから、個人を特定できる。その方が「いつ・誰が」のあいまいな文献より、はるかに科学的であるとおもう。

法隆寺西院伽藍の中門の真ん中の柱が寺院全体の中心軸ではなく、全体の中心は右にずれている。それは当然ながら、偶然ではなく、意図的になされている。

その意味は、法隆寺西院伽藍に葬られた人物に、「この寺院があなたの世界です。あなたの造った都市です。ここで安らかにお眠りください。」と、葬った人物が言っているようにおもえる。

また、西院伽藍の建造時期の六九〇年頃は唐尺《からしゃく》で尺度も異なり、白鳳様式というデザインも異なっていたにもかかわらず、西院伽藍が高麗尺《こましゃく》で古い様式で造られねばならなかった理由は、ここに眠る人物がみずからの造営した寺院と同じ様式の方が安らかだと、西院伽藍を造った人物が思ったのである。それらが「法隆寺コード」と直観したごとく、理屈では割り切れない感情的なものを含む謎となっている。

梅原猛の『隠された十字架』は、法隆寺西院伽藍は怨霊を封じ込めた寺だとした話である。その封じ込められた怨霊が、最初の倭京を造った人物であったとしたら、法隆寺西院伽藍の形態こそが怨霊の世界となっているのである。

怨霊がその世界で安住してくれると期待した人物がいたとしか、それらの建築と都市のありさまを説明できないのである。都市と建築の形態は異なるが、そのような意味であれば、中門の中央にある柱の異常性も理解できる。

「中門の中央の柱は怨霊を封じ込めるため」（『隠された十字架』）であり、法隆寺の七不思議のひとっくにあげられている。西院伽藍の造営と藤原宮の造営が、ほぼ同時期（六九〇年頃）だとかんがえられるので、それらが関係する可能性は高い。

つまり、何度も言うが、建築や都市が理論的で科学的に出来ているとは限らないということであり、どちらかといえば、人間の感情や意思によっている方が強いとおもう。それが、建築や都市に表れている。

そのようであれば、西院伽藍の怨霊は倭京を整備した敏達大王（天皇）ではないか。なぜにそのようなことになるのか。さらに説明が必要であろう。

法隆寺（西院伽藍）の七不思議

昔からの伝説

中学生の頃に修学旅行で初めて法隆寺を見学したが、旅の高揚した気分とは違い、「なにか陰気な寺だなあ」という印象であった。おそらく、バスガイドの七不思議の話によって、謎めいた先入観を植え付けられたせいもあるのだろう。その西院伽藍について、一般的な言い伝えとして次のようなことがある。
一、法隆寺には蜘蛛《くも》が巣をかけない

二、南大門の前に鯛石と呼ばれる鯛のかたちをした石がある
三、五重塔の上に鎌《かま》がささっている
四、不思議な伏蔵《ふくぞう》がある
五、法隆寺の蛙《かえる》には片目がない
六、夢殿の礼盤《らいばん》（坊さんがすわる台）の下に汗をかいている
七、雨だれが穴をあけるべき地面に穴があかない
（石田茂作『法隆寺雑記帖』より）

以上のようなことだが、実際は、蜘蛛は巣をかける、片目の蛙は見ない、雨だれは石の上に落ちているそうである。しかし、あらためてそのような話を聞くと、薄気味の悪いことにおもえてくる。そのような言い伝えの真意はなんであろうか。

夢殿の礼盤に汗をかくは結露現象であろう。そうすると、残りは鯛石と五重塔の上の法輪《ほうりん》の鎌と伏蔵である。鯛石は今回のわたしの発見によってキトラ古墳に関係しているとおもわれる。法輪の鎌について、法輪は天に登るイメージであるから、中門の柱のように、それを引き戻すような阻止する意味かも知れない。

また、伏蔵は「法隆寺の中庭に三カ所、一つは金堂の北東角、一つは経蔵の中、一つは廻廊の南西角、塔の前あたりに、石の蓋があって、その中にかくされた蔵《くら》があり、蔵の中にさまざまな財物が収められているといわれる。」（『隠された十字架』）

若草伽藍の発掘者の七不思議

若草伽藍を発掘した仏教考古学者の石田茂作はそれら伝説的なものに対して、次のような七不思議を考えている。（『法隆寺雑記帖』）

一、中門中央の柱
二、金堂・五重塔の裳階《もこし》
三、中門・講堂中軸線の喰い違い
四、五重塔の四天柱礎石の火葬骨
五、三伏蔵
六、五重塔心礎舎利器《しんそしゃりき》に舎利無し
七、若草塔の心礎

わたしは大学の建築学科を卒業したが、日本建築史の授業は全ての時間を法隆寺の七不思議に費やしたようにおもう。確か高校時代の世界史もマリー・アントワネットの話で終わった。歴史を研究することはそのようなものだから、いまでは感謝している。

第一の不思議である中門の真ん中にある柱に関して、通常の寺社の門の真ん中は人が通行しやすく空いているわけで、他では見られない形態であって、大学時代から謎であり、その教授にもわからなかった。

第二の不思議である金堂や五重塔の裳階とは一階の屋根の下についている庇《ひさし》のことである。建築様式の点で疑問とされているのだ。

西院伽藍は聖徳太子の時代（不詳〜六二二年）に建てられたとされていた。だが、裳階は薬師寺の塔にもあるように和銅年間（七〇八〜七一五年）頃の建物の様式であって、そのような古い建物に裳階があるのが謎であった。

そこで裳階は後からつけられたと解釈されていたが、解体修理の際に最初から設置されていることが判明し、謎はより深まってしまった。そして、いまだに西院伽藍の建造年代はわからないままである。

特に金堂は一九四九年に火災によって、柱や梁などを残して外壁と屋根は焼失してしまったので、いまでは詳細を知ることはできない。

第三の不思議となる中門と講堂中軸線の喰い違いだが、現在の講堂は間口九間であって、解体修理によって建て直されたものであることが判明した。創建当時の講堂は間口八間で中門の中軸線に合致していた。

その事実より、わたしは中門の中軸線と伽藍全体の中軸線がずれているのが気になる。前述しているが、なにか呪術的なものではないかとかんがえている。

第四の不思議は五重塔の四天柱礎石の火葬骨である。五重塔の東北隅の柱の穴から、火葬された人骨が出てきた。それは誰の骨であろうか。そして、東北隅は風水でいえば鬼門にあたる。その時代に風水という『易経』が存在した可能性はある。「わが国最初の火葬例は、公式記録によれば、文武四年（七〇〇）に死んだ元興寺《がんこうじ》の僧道昭である。とすれば、この塔の出来たのはそれ以後となる」（『隠された十字架』）

葬られていた火葬骨は、建物が焼失して、焼死した場合でもできることから、必ずしも年代はわからないのではないか。

第五の不思議は三伏蔵である。言い伝えでは、聖徳太子が「仏法が滅びたときに使うように」と宝物を伏蔵に収めたとされている。しかし、仏法は滅びていないので、開かれていないのであろう。夢殿の『救世観音像』のように秘匿《ひとく》されているとかんがえる。

第六の不思議は五重塔の心礎に舎利器があるのだが、その中に舎利がないことである。鎌倉時代に書かれた『聖徳太子伝私記』には「此の塔の心柱の本には仏舎利六粒、髻髪《けいはつ》六毛納籠たり、六道の衆生を利するの相を表す」とあり、その時はあったが、大正時代にはすでになかった。（『隠された十字架』）それらはどうなったのであろうか。

第七の不思議は若草伽藍の塔の心礎が地上に置かれていることである。本来なら心礎は心柱の基礎であって、地中深くあらねばならない。これは明治時代に法隆寺から運び出して、私人の庭に使用されていた心礎を、法隆寺に返却した理由による。
その時に元の場所が不明で地上に放置したのである。あまり、重要視されていなかったが、論争によって注目され、返却されたものであろう。

以上のように、わかっているものや建築様式に関するものを除くと不思議は舎利の件のみである。五重塔の火葬骨や舎利だが、それらがなぜ存在するのか理由がわからなければ、手も足もでない。わかるところから、ひとつ〳〵検討して行くしか方法はない。

『隠された十字架』における法隆寺（西院伽藍）の七不思議と答

「法隆寺コード」の謎を解きほぐすわけだが、最初にやるべきは『隠された十字架』において、哲学者の梅原猛が提出した七不思議とはなにか。またその謎への解答はどのようであったか。内容は長文となっているが、わたしなりに要約した。ただし、「　」内は梅原の記述となっている。

第一の謎と答—『日本書紀』はすべて正しいわけでなく、山背大兄皇子殺害に藤原鎌足が関与している。

第一の謎—『日本書紀』や『続日本紀』などの正史が法隆寺に対して、創建年や再建年を記さず、なぜあいまいなのか。

『日本書紀』に法隆寺の若草伽藍創建や西院伽藍の再建について、一言もふれられていないことが謎を招き、再建・非再建論争など混乱させた。「『日本書紀』に言及されない理由はなにか」という疑問を提示している。『日本書紀』に出てくるのは、六六九年（天智八年）に火災があり、六七〇年（天智九年）に全焼したという記事のみである。

また、次の正史『続日本紀』にも、七一五年に干ばつのための雨乞いをして雨を降らせたこと、七三八年に食封《へひと》二〇〇戸が寄進されたという二例のみであった。七三八年は夢殿の建設中ということである。

第一の答—権力は歴史を偽造する（『日本書紀』『続日本紀』について）

・『日本書紀』や『続日本紀』を含めて、「およそいかなる歴史書といえども、単に正確なる叙述の意志のみで作られることはあるまい」ということで、『日本書紀』が藤原氏の都合のよいように歴史解釈をしているのはまちがいない。

・最大の疑問は山背大兄皇子殺害に藤原鎌足がかかわっているおそれがあることであり、それの隠ぺい工作として、六四三年の蘇我入鹿による山背大兄皇子の殺害を強調し、その復讐として六四五年の乙巳の変での入鹿殺害がおこなわれたとみせようとしている点にある。

つまり、「この一連の歴史を考えるとき、中大兄皇子と鎌足を正義の復讐者のように、彼等を何か聖徳太子の味方であり、聖徳太子の意志を受けて入鹿を殺したような錯覚におちいっていた。」のである。

・藤原氏が蘇我氏にかわって仏教の保護者になるために、聖徳太子の意志を継いだようにみせている。

第二の謎と答―『法隆寺伽藍縁起《がらんえんぎ》ならびに流記《るき》資財帳』は事実と異なる部分がある

第二の謎―『法隆寺伽藍縁起ならびに流記資財帳』（以後『法隆寺資財帳』とする）には、明らかに聖徳太子が法隆寺を六〇七年に建てたとあるが、その後再建されたかどうかを記していないのはなぜか。

『法隆寺資財帳』は寺院が政府に差し出した財産目録であって、七四七年に行われた政府の調査資料『資財帳』が残っている。ここには、推古天皇と聖徳太子が用明天皇および、代々の天皇のために、法隆学問寺、四天王寺、中宮尼寺、橘尼寺、蜂岳寺《はちおかでら》（広隆寺）、池後尼寺《いけじりにじ》、葛城《かつらぎ》尼寺を建てたとある。また、孝徳天皇六四七年に食封三〇〇戸、播磨の国に領地を賜ったと記されている。

第二の答―「縁起」は権力に向けた自己主張である。（『法隆寺資財帳』について）

・『資財帳』は財産目録であり、『縁起』とは別で寺院の由来については正確ではない。つまり、『縁起』とは寺院の自己主張を記したものであり、事実と異なる部分もある。

・法隆寺の再建は和銅年間（七〇八〜七一五）まで下る。そのようにかんがえるほうが論理に一貫性がある。しかし、古い様式でつくられていることで、その年代を引き下げようとする人々もいるのも確かだが、「何らかの必要があって古い様式で造られる必要があったのかもしれないのである。」

第三の謎と答―中門の中央の柱は怨霊を封じ込めるためにある

第三の謎―中門の中央に柱がある。

門の中央に柱があるという寺院はない。これは通せん棒をしている「閂（かんぬき）」である。

第三の答―中門は怨霊を封じ込めるためにある。（中門について）

・中門の間口は四間であって、そのような偶数性の支配する建物は正面のない建物であると共に、出口なき建物である。「ここに太子の霊をとじこめ、怒れる霊の鎮魂をこの寺において行おうとする意志が、いかに強いかを物語るのである。」

中門

・偶数性の支配する建物は、出雲大社の社殿、奈良元興寺の極楽坊などにみられ、それらは怨霊をとむらう社寺であることに同様の例をみる。

第四の謎と答―金堂に三体の本尊があるが、二体は釈迦如来で、一体は鎮魂のための阿弥陀仏である

第四の謎―金堂に三体の本尊があるのはなぜか。

「だいたい一つの寺に本尊は一体であり、あとは脇侍《きょうじ》である。しかし、この金堂には、向かって、右から、薬師、釈迦、阿弥陀の三つの如来が並んでいる。」なぜ三体もあるのであろうか。

第四の答―金堂は死霊の極楽往生の場所であり、太子一家の鎮魂の場所である。

・ひとつの寺に本尊は通常なら一体だが三体ある。しかも、それらはよく似ている。大きさ、衣服、台座が似ている。

・釈迦如来と薬師如来はそっくりであり、ともに釈迦如来ではないか。しかし、釈迦如来として

も左手の印相がおかしく、それは刀剣印を表している。
・釈迦如来と薬師如来はさとりを開いた僧の衣服ではなく、中国の北魏王朝の天子の服である。
・薬師如来の光背にある銘文は『資財帳』にある文章をもとに偽造されたものである。釈迦如来を含めてそれらがつくられたのは六六七年であり、置かれていたのは橘寺である。
・金堂は死霊の極楽往生の場所であり、太子一家の鎮魂の場所である。

つまり、「古代日本人は死者に対して恐怖をもっていた。」「死者の霊魂が、いつ何時、生者の世界に現れて、生者の生活を乱すかもしれない。」「まさに聖徳太子の霊こそ、そういう偉大にして、しかも、もっとも深い怨恨をもつ霊なのである。」それゆえ、仏による鎮魂がおこなわれ、阿弥陀仏が置かれたのである。

第五の謎と答―塔の舎利や涅槃像は聖徳太子の墓をあらわしている

第五の謎―塔にはさまざまな謎がある。
・塔の心礎（塔の中心にある柱の基礎）に舎利器があるが、そこに舎利はなかった。
・柱の下の礎石から火葬骨が発見された。
・心柱（塔の中心にある柱）が土中の基礎までの間で、三個の石に挟み込まれている。
・涅槃像や今はないが、『聖徳太子伝私記』などによれば、地獄像という塑像があり、これらは何を意味するのか。

・塔の高さが『資財帳』には一六丈（四八・四八メートル）とあるが、実際は一〇・四八四丈（三一・七六メートル）しかない。これはなにを意味するのか。

第五の答―五重塔の舎利と四面の塑像

・塔は血の呪いの鎮めのために建てられた

四面にある塑像は釈迦と聖徳太子をタブらせたものであるが、あきらかに生前の太子の姿を映している。塔は舎利塔であるが、浄土において復活するさまを塑像によって表わしている。

・二乗された死のイメージ

『資財帳』に塔の高さが一六丈とあるが、実際には一〇丈ほどである。それは四＝死の倍数一六でなければならないのである。

第六の謎と答―夢殿は聖徳太子の怨霊を鎮めるために建てられた

第六の謎―夢殿の建設

・寺院として西院伽藍だけで十分なのになぜ夢殿のある東院が七三九年に加えられたか。

・夢殿はなぜ八角堂なのか。

・本尊の救世観音像はなぜ秘仏であったか。

鎌倉時代の法隆寺の学僧顕真《けんしん》が書いた『聖徳太子伝私記』に救世観音像は秘仏であり、誰も見たことがないとある。寺僧たちにはこれを見ると地震が起こり、たちまちのうちに寺は崩壊するという伝承があった。明治になって、アメリカの哲学者フェノロサによって、はじめて人目にさらされることになったのだが、木綿の布によって何重にも巻かれた背の高い仏像が出てきたという。なぜにこのように厳重に秘仏にされなければならなかったのか。

第六の答―夢殿は太子の怨霊のたたりを恐れて建てられた。

・七三七年藤原不比等の息子たち四名が疫病で死んだことは太子の怨霊のせいと藤原家に関係する人びとはおもった。

・夢殿は怪僧・行信の造った聖徳太子の墓である。

「『法隆寺東院縁起』は、この東院が、行信の願により建設されたと伝える。」「おそらく行信は、光明皇后の援助のもとに夢殿建設を計画したのであろう。東院、かつて聖徳太子が住んでいて、あの山背大兄皇子の事件のとき火を放った斑鳩の宮が焼け跡のまま放置されている。そこに太子供養の寺を建てる。これが夢殿である」

・夢殿は八角円堂であるが、なぜそのようになっているか。それは古墳のイメージをもっていて、舎利瓶であり、墓である。

・フェノロサが開示させた『救世観音像』は一二〇〇年間ものあいだ秘仏とされてきた。フェノロサはレオナルド・ダビンチの『モナ・リザ』に匹敵するという美的鑑賞を強調したが、『救世観音像』は聖徳太子の生身のうつし像であって、光背が頭に打ちつけられるなど、その異様さは他に例がない。したがって、夢殿は聖徳太子の墓であり、怨霊封じ込めの八角円堂である。

第七の謎と答━聖霊会は怨霊の儀式である

第七の謎━聖霊会《しょうりょうえ》という法隆寺の祭りの儀式の謎

聖霊会という法隆寺の祭りは聖徳太子の霊をなぐさめる祭であるが、夢殿から輿《こし》に乗った舎利と太子七歳の像がかつぎだされて行われる。「この話は何となく無気味である。法隆寺は、舎利と太子を関係させて、一緒に供養しなければならない理由があるのであろうか。」

第七の答━聖霊会は怨霊を幽閉する儀式である。

・四月二日から行われる儀式は「蜂起の儀《ほうきのぎ》」からはじまる。その蜂起とはなんであろうか。

・聖霊会は夢殿におかれている舎利や太子七歳像が主役となるが、他にも二歳太子、一六歳太子があり、斑鳩宮で死んだ子供たちではないか。

・聖霊会の蘇莫者《そまくしゃ》の舞は中心儀式である。その蘇莫者の蘇は蘇我の蘇であり、それらの舞は蘇我一族や太子一族の怨霊の舞ではないか。

以上が梅原の挙げた七不思議とその答である。わたしは、これらの謎とその答に疑問があるわけではなかった。しかし、一九七二年に『隠された十字架』が書かれた時点から四〇年以上経って、古代研究が進み、発掘によって様々なことがわかってきた。そのことによって特に、聖徳太子の実在性に疑問がだされていることも特筆だろう。

また、古代都市の「倭京」の実体も明確になってきたことから、法隆寺の真実も次第に明らかになるとかんがえる。

高松塚とはなにか

古墳の歴史的背景

日本列島の歴史区分のなかに古墳時代（二五〇～六〇〇年頃）がある。古墳時代とは狩猟採集の縄文時代を過ぎて、稲作が始まった弥生時代から各地に吉野ヶ里遺跡のような地域集団があらわれ、その集団の首長を古墳という墓に葬った時代を指している。

その後、地域集団を統合する統一国家が形成され、その都が置かれた場所を象徴して、飛鳥に都があった時代を飛鳥時代（五九二～七一〇年）とし、平城京遷都（七一〇年）から奈良時代と呼んでいる。その間も古墳は造り続けられ、現在は天皇陵のみとなっている。

その古墳は一般的に、棺《ひつぎ》を入れるための石を積み上げた石室を設けて、その上に、土を円錐形や四角錘の上部を削いだ形状に盛り上げた建造物である。それらは日本独特のものではなく、朝鮮半島や中国大陸の影響を大きく受けている。日本の特徴としては、四角と円を組み合わせた前方後円墳が多くみられるが、日本独特というわけではない。

高松塚とキトラ古墳は歴史家によれば、ともに終末期古墳に分類されていて、「薄葬令《はくそうれい》」（六四六年）という「墓を身分による基準に応じて造る」という勅令が出された以降の築造とされている。その高松塚とキトラ古墳はともに二段式の円墳で発掘されてから数十年経つが、誰が葬られているのか、その被葬者がわかっていない。また、それらの造られた年代もはっきりしていない。特に、他の古墳には見られない壁画があったが、それらがなぜに存在するのかもわかっていない。

つまり、古墳の状態は調査されてわかっているが、基本的なことは、ほとんどなにもわからないというのが実情である。法隆寺の謎もわからないように、六世紀後半から七世紀にかけては『日本書紀』が正確に語っていないのが原因とおもわれる。

高松塚の位置

高松塚は一九七二年に発掘された。明日香村では野菜の保存に、斜面地に穴を掘って貯蔵するのだが、その穴を掘ったところ石室を構成する切石にあたったところから、その話が伝わって発掘された。

衝撃的だったことは、ほぼ南北に置かれた石室の内部に壁画があったことである。東西南北に四神（青龍、白虎、朱雀、玄武）が描かれ、東壁上部に日輪、下部に男女群像、西壁上部に月輪、下部に男女群像が描かれていた。天井には天文図を設けて、ひとつの世界を出現させていたことが驚きであった。

石室の断面をキトラ古墳と比較すると［図・14］のようになるが、高松塚の幅は一・〇三メートル、高さは一・一三メートル、奥行き二・六五メートルとなっている。キトラ古墳の断面（幅一・〇四、高さ一・二四、奥行二・四〇）は他の古墳と同様に天井を家型に折りあげて、広くみせているが、高松塚では平らでかなりの閉塞感がある。絵画の華麗さと石室の扱いには落差があると感じざるをえない。

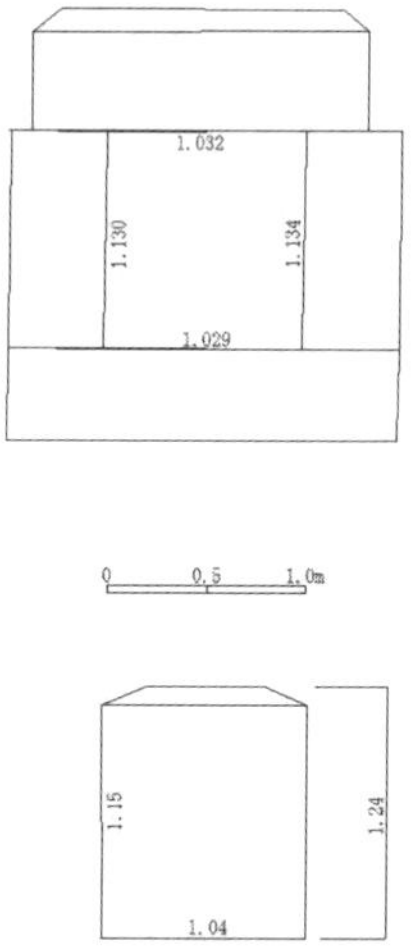

図・14　石室断面
上―高松塚
下―キトラ古墳

高松塚西側壁画（文化庁）

一般的には、前述するような解釈でよいが、石室の南側に盗掘孔があって、朱雀の絵が全く見当たらない。盗掘のせいで剥落したのであろうが、描かれた男女群像がどうも南へ向かって移動するような素振りであることが気になる。つまり、他に例がないほど謎につつまれた古墳であるということだ。その謎の概要を述べねばならない。

梅原猛は著書『黄泉《よみ》の王《おおきみ》—私見・高松塚』で「異常な古墳」と述べている。壁画の存在から「皇族あるいは、それにひとしい権力者の墓にちがいない」が、円墳の規模に比較して石室のおおきさが、薄葬令があったとしても「はなはだ小さい」としている。

だが、その古墳の位置は重要な場所にあって、その被葬者がただならぬ者であると、次のように述べている。（括弧内の補足は筆者）

　この高松塚の位置は、ほぼ藤原京《ふじわらきょう》の中央、朱雀大路《しゅじゃくおおじ》の南への延長上にあるのであり、その線上に、菖蒲池《しょうぶいけ》古墳、天武・持統帝陵、及び、文武帝陵があるのである。高松塚古墳は、中《なか》尾山《おやま》古墳と共に、この中央線から少し西へずれるところにあるが、ほぼ同一線上にあると考える。［口絵参照］

このことは、すでに高松塚発見以前に、岸俊男《きしとしお》氏（歴史学者）によって指摘されたところであるが、直木孝次郎《なおきこうじろう》氏（歴史学者）は、この岸氏の説をうけて、高松塚古墳も、この「聖なる線《ライン》」の上にあり、やはりその被葬者は、天武・持統帝陵、文武帝陵、及び、同時代の古墳である菖蒲池古墳及び中尾山古墳と同じく、天武・持統帝の近親者が葬《ほうむ》られているのではないかと考える。（『黄泉の王』）

この「聖なるライン」について、大きな疑問が存在する。歴史学者の有坂隆道著『古代史を解く鍵─暦と高松塚古墳』によれば、天武・持統陵（大内陵）の「北側に、聖なるラインのスタートに挙げられる菖蒲池古墳があることです。菖蒲池古墳は、誰の墓かわかりませんし、その築造時期もたいへん判定しにくいものですが、大化改新以前のもので、大化以後に下らないとする説が有力です。そうすると、藤原京の計画は天武朝どころか、大化改新以前から決定していたといわねばならない、という珍妙なことになってしまうわけです。」と述べている。

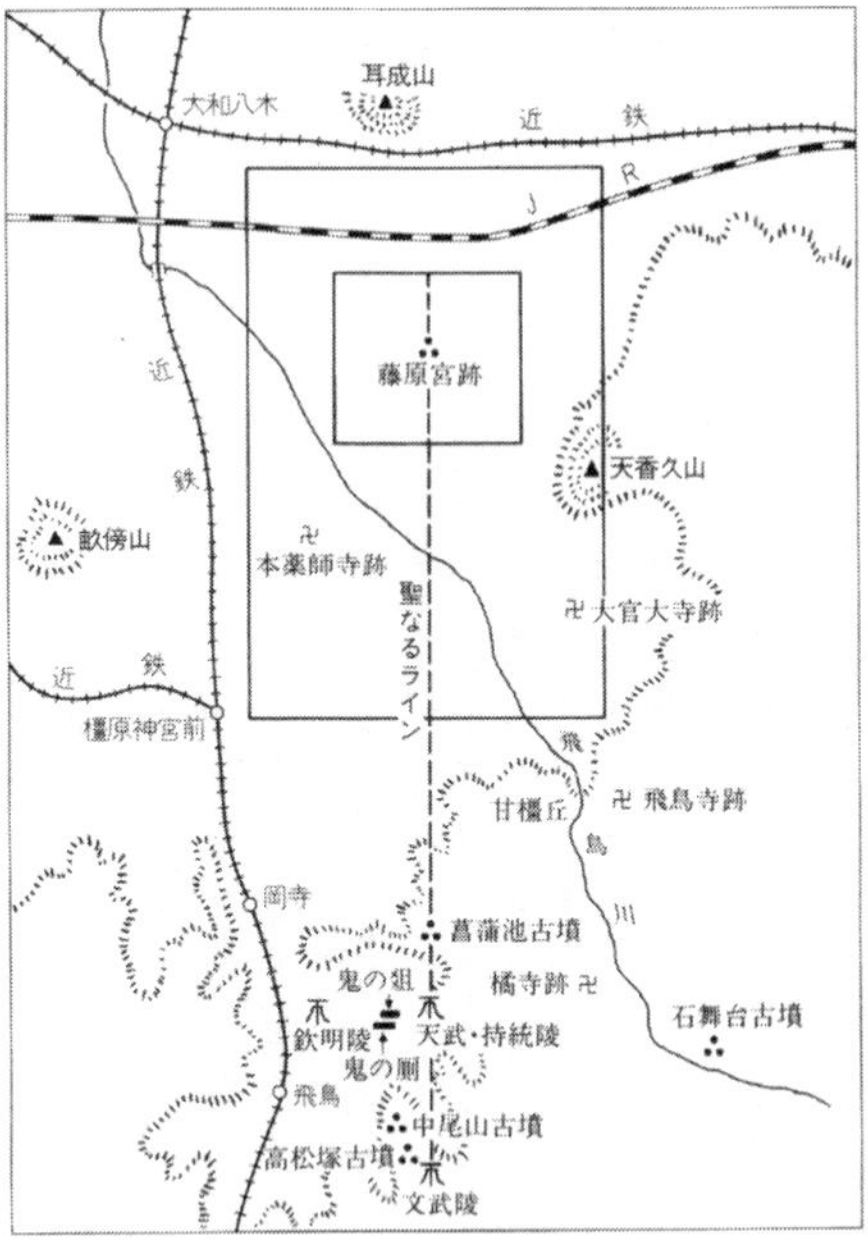

（口絵）聖なるライン（『黄泉の王』より転載）

つまり、藤原京は六九四年からであって、菖蒲池古墳が六四五年以前であるから、藤原京の中心軸線が五〇年前から決まっていたなんてあり得ないと言うのだ。藤原京が六九四年からというような論理であれば、確かにそうであろう。

だが、この論理の根拠となる藤原京の存在はかなり希薄におもえるのだ。なぜなら、『日本書紀』には六九四年に藤原京に遷都とは書いてなく、「藤原宮に遷居した」としか書いてない。

藤原京という言葉は後世の歴史学者の創作である。しかも、「藤原宮の下から先行した道路や運河の遺構が発見されたという事実から（『飛鳥・藤原京の謎を掘る』千田稔・金子裕之共編著）」、先行する碁盤目状の道路をもつ都市があった可能性が高い。

そのようであるなら、藤原宮の下の道路遺構は何を意味するのか。中大兄皇子（天智天皇）が六四八年に難波宮より「倭京」に帰るとした都市が先行して存在していたからではないか。その倭京という都市の中心軸は耳成山の南北軸であって、破壊された古墳の「鬼の爼・鬼の雪隠遺跡」、中尾山古墳がすでに存在していたのではないかとかんがえる。その延長上に高松塚があるのだが。

その根拠は、耳成山の南北軸線上で五八五年に大野丘北塔（和田廃寺）を蘇我馬子が建てたという記事が『日本書紀』にある。塔というのは何もないところに建てるものではなく、碁盤目状の道路がある都市に建ててこそ、ふさわしいものである。

なぜなら、真直ぐの道路がないと塔は全容が見えない。先端しか見えないものを建てる意味がないのだ。また、藤原宮を造る動機は、逆に碁盤目状の道路を利用して、中心軸を移し替えたともかんがえられる。当然ながら天武や持統天皇の意志ということで、六七二年以降のことである。

五八五年には碁盤目状の道路のある都市が飛鳥にあった可能性があるが、『日本書紀』はそのことには一切ふれていない。書けない理由があったのではないか。

倭京には二四もの仏教寺院があったという。歴史学者はそれらが畦道《あぜみち》のなかにあったと思っているようで、建築家とはイメージに開きがある。物資を搬入し、工事をする人々が通う道路がなければ、建築はできないのである。

つまり、菖蒲池古墳は碁盤目状の道路の延長線上に造られただけかも知れない。あるいは、耳成山の南北軸に沿って、造られたのかも知れない。

しかし、京都山科にある天智天皇陵、藤原宮、菖蒲池古墳、天武・持統陵、火振山古墳、文武陵は南北軸線上に並んでいることだけは確かであって、明らかに、高松塚のある耳成山の南北軸を避けてつくられていることは間違いがない。

高松塚の謎

さらに、梅原は「三つの謎―砕かれた日月《じつげつ》・喪《うしな》われた頭蓋骨《ずがいこつ》・奪われた刀身」をあげて、石室の壁画や木棺のなかにあった被葬者の人骨、ともに葬られた副葬品の異常さについて次のように述べている。

ここで不思議なことがある。それは、この東西にある日月の表面が削られていることである。

日は金箔《きんぱく》、月は銀箔が貼られているが、この日と月の金銀箔の大部分がはぎとられているのである。そればかりではない。北方の玄武も（玄武とは、蛇と亀が一緒になったような想像上の動物であるが）その蛇と亀の頭が、同じようにけずりとられているのである。（『黄泉の王』）
他の歴史学者や考古学者もまた、日と月や玄武は故意にはぎとられたものであると指摘している。やはり、なんらかの意図があり、なぜにはぎとったのかという謎が残る。さらに、ふたつの謎がある。

この華麗な壁にかこまれた古墳の中には、漆塗りの木棺の中に、人骨があった。（中略）鑑定の結果、この人骨は筋骨たくましい一人の成年男子の人骨であると判明した。しかし、ここに奇妙なことがあるのである。その人骨には頭蓋骨がないのである。つまり、人体のあらゆる部分の骨がそろっているのに、頭蓋骨と下顎骨《かがくこつ》は、その破片すら発見されなかったのである。
（中略）
まったくへんなことである。この屍体《したい》は頭なき死体であったのである。しかも、この死体に舌の骨と、甲状軟骨、つまり、のどぼとけの骨が残存しているところを見ると、この死体は斬首されたものではありえない。（中略）
この死体には、初めから頭がなかったのか。そんなことはあるまい。舌とのどぼとけが二、三本の歯と残存している以上、死んだときには、この頭はあったはずである。とすれば、いつ

（『黄泉の王』）

この頭はなくなったのか。

古墳の話で、舎利や骨の話となっているが、高松塚には頭蓋骨のない人骨があった。鑑定の結果から、熟年の男性で四五～六四歳である可能性が最も高く、二五～四四歳より若くはならないらしく、六五歳以上の可能性も少ないながらあるようである。また、身長一六三センチで体格のよい人物であったとされている。（『高松塚とキトラ』）

高松塚はおよそ五〇〇年後の鎌倉時代初期に盗掘されていることがわかっている。なぜそのようなことがわかるのかというと、盗掘者たちの道具が残されていて、そこから推定されている。

わたしは盗掘時に、なにがあったのか。狭い石室には副葬品が多くあったとはおもえず、肝心なものは残っている。盗掘者が首だけを持ち去り、四神の玄武の頭を削いだ、ということもかんがえてもよいのでないか。

「入鹿の首塚」が飛鳥寺の前にある。言い伝えだが、この首塚は鎌倉時代からあるそうだ。わたしには盗掘者が高松塚を蘇我入鹿の墓と勘違いしてもおかしくないようにおもえるのだ。なぜそのようにかんがえるのか。今回発見した耳成山の南北軸線上の古墳が火葬骨のある中尾山古墳と高松塚と二基となっているからだが、この話は後述する。

最後の謎は副葬品に関して、である。高松塚では鏡と剣と玉とが発見された。

鏡は海獣葡萄鏡であり、「唐の則天武后（六二四～七〇五年）の時代に盛んにつくられ、法隆寺の塔の心礎からも発見され、正倉院の御物にも同じようなものが存在する。」（『黄泉の王』）

前述した『高松塚とキトラ—古墳壁画の謎』によれば、高松塚の海獣葡萄鏡と同型の鏡が唐長安城の墓から出土しており、その埋葬年代は墓誌銘から六九八年となっている。そのことから、来村は高松塚の築造年代は六九八年以降で、第八回遣唐使の帰国が七〇四年となっていることから、それ以降ではないかとしている。しかし、他の墓から六九八年以前の同型の海獣葡萄鏡が出てくれば、その説は崩れる。

また、来村は高松塚の最下層から須恵器が発掘され、その須恵器は藤原京時代（六九四～七一〇年）とされることから、少なくとも築造年代は六九四年を遡らないとしている。

しかし、そのような日常品が一年単位で使用されるわけはなく、前後の幅はあるとかんがえるのが一般的ではないか。しかも、高松塚周辺は渡来系の倭漢《やまとあや》氏の本拠地であって、彼らが築造に関与した可能性は高く、早くにその須恵器を使用していたこともかんがえられる。前後の幅はあるとしたほうがよいだろう。

剣は鞘《さや》や柄《つか》の木部が腐って存在せず、それらに付いていたかざり金具が発見された。『黄泉の王』では次のように述べられている。

この大刀の金具とよく似た金具をつけた大刀が正倉院にある。しかも金銀鈿荘唐大刀《きんぎんでんかざりのからたち》とよばれるこの大刀は、草壁皇子から藤原不比等にわたり、そして不比等から文武帝にわたり、文武帝から再び不比等にわたり、そして不比等から聖武帝《しょうむ》（在位七二四―七四九）にわたった大刀であるという由来の大刀である。つまりこの大刀は、即位のしるしなのである。（中略）高松塚古墳の中に、このような剣とはなはだよく似た剣がおさめられていたのは、なぜであろうか。（中略）

この大刀と共に出現したのは、玉である。おびただしいガラス玉をつづり合わせたものであるが、ガラス玉といっても、当時においては、天然の瑪瑙《めのう》や翡翠《ひすい》の玉より珍しく、目新しい貴重な玉であった。玉というのは中国において昔から貴重なものとされるが、それはただ、装飾品にとどまるものではなく、玉は死霊を守るものの意味を持っていたのである。中国の古墳には、おびただしい玉が副葬品として埋められている。この玉は、日本人にとっても、魂と同じ発音をもつので、中国人以上に玉は霊力をもつものとされたことは、神話などによっても明らかである。（中略）

鏡、剣、玉、この三つの組み合わせは、（中略）日本神話に語られる三種の神器の話である。三種の神器は皇位継承のしるしであった。

（『黄泉の王』）

しかし、大刀には刀身がなかった。柄の金具はあったが、鍔《つば》のない型式の大刀の可能性が高いので、刀身に付属しているものはなかった。錆びた刀身だけを柄から外して盗む意味はあるのか。わたしは梅原が述べるように、最初からなかったのだとおもう。刀身のある剣を持つことを葬る側が嫌ったことに他ならない。以上、梅原の話を中心に述べてきたが、これらに関しては反論もある。『古代史を解く鍵』によれば、「高松塚では頭蓋骨や刀身がなかったと、さも不思議そうにいう人がおりますが、盗掘されているのですから、なにも不思議なことはありません。ありふれた事例なのです。」とある。

確かに、盗掘されているのだから、何がなくても不思議はない。だが、盗掘されているからこそ、鏡や玉は残っているのに、頭蓋骨と五〇〇年経って錆びついている刀身だけが盗まれることがあるのだろうか。やはり、疑問は残る。

ただ、有坂は梅原の論理を認めていない。それを次のように述べる。「『黄泉の王―私見・高松塚―』(新潮社)という奇怪な書さえあらわれるにいたりました。この書は全頁にわたって独断・曲解・誣罔《ふもう》の妄論《もうろん》が展開されているだけで、学問的には何一つとりうるところはありません。(中略)もともと高松塚には、いわゆる怨霊的な異常さはひとかけらもありません。」(『古代史を解く鍵』)として、まったく認めようとしていない。

歴史学者としては、怨霊は学問の範疇ではないのだろうか。だが、人間の心の中には呪いや占いが存在するわけで、政治に作用していることは『日本書紀』にもみられる。無視できないことは確かであろう。

高松塚男女群像の意味と築造年代

高松塚の築造年代を知るためには服装デザインが注目されている。『古代史を解く鍵』の有坂によれば、

「壁画人物は、死後の世界へ旅立った被葬者に供奉《ぐぶ》する従者を描いたものとしか解しようのないものであります。（中略）服装からみても、壁画人物の中にはいわゆる貴人など一人も描かれていないのであります。」として、「朝賀の儀式」説や「出行図」説を否定している。

他にも、「壁画の人物像は出行図でも、葬送の行列図でもなく、現身《うつしみ》の人が黄泉《よみ》の世界にある被葬者への従者としてえがいたとすることが正当ではないか」（網干善教『高松塚古墳の研究』）とあり、壁画の男女群像は黄泉の世界への従者とされる意見が多い。その論理なら他にもそのような壁画が存在するはずであるが、他には存在していない。

有坂によれば、高松塚の築造年代は「天武天皇崩御の前後わずか数年以内」としている。天武崩御（六八六年）であるから、六八二〜六九〇年のあいだということになる。その理由は六八二年に位冠の停止があり、男子の冠を漆紗冠《しっしゃかん》に統一したことに注目して、「西壁男子の冠は、まさにこの漆紗冠そのものであると解するとき、はじめて理解されうるものです。西壁男子の冠は、斜めの格子状の線をひき、その目の中に菱形の文様を描き、紗の材質感を巧みに表現しており、まことに漆紗冠にふさわしいものであります。」（『古代史を解く鍵』）と述べている。

有坂にしても、漆紗冠という言葉はあったが、この壁画が出るまでは実物を見たことがなかったわけで、前後の様々な比較検討によってこの結論に至っている。他にも女子の服装や髪形などの検討がされているが、前述の年代の範囲となっている。

ただ、服装や髪形の年代がわかっても、それが直接的に古墳の築造年代と結びつくのか。という疑問はある。おそらく、画家に対しての注文は、理由もなく女官や舎人を描けというものであったのではないか。画家はその時代のものを描いたということであろう。

疑問としては他にもある。前述した歴史学者たちの壁画についての解釈だが、特に壁画の存在について疑問を抱いていないようなのだ。その点は梅原とは異なる。そして、男女群像は黄泉の世界への従者として捉えている点である。

事実、歴史家たちは他にも壁画があるのではないかとして古墳の発掘がさかんにおこなわれたが、出てこなかった。黄泉の世界への従者なら、他にも壁画があるはずであるが、そうではないようなのだ。

わたしはキトラ古墳に関して、被葬者は渡来系の倭漢氏とかんがえているので、壁画が存在することに疑問がない。日本側で唯一、高松塚だけに壁画があって、それ自体が異常なことであるが、さらに男女群像が描かれていることはとても通常のことではないとおもう。そのことは高松塚が特別の意味をもっていることを示しているのではないか。

そのことから、わたしは男女群像に関して、歴史家たちが考える黄泉の世界への従者ではなく、男女群像は女官や舎人であって、彼らは被葬者の身の回りの世話をする人びとではないかとおもう。なぜなら、高松塚の被葬者は生きていて、祟りを起こす人物だったわけで、その石室にとどまって欲しいと願っている。葬った側はそのように思っているのである。

わたしは怨霊説を支持するが、高松塚は乙巳の変に関係しているとかんがえているわけで、乙巳の変は六四五年で、高松塚の築造時期が六九〇年頃とすると、その時間差は四五年ほどのひらきがある。

その四五年のひらきに関して、白骨化した遺体を再葬したとかんがえている。その根拠は「人骨には少量の赤色塗料がごく一部分付着していた。これが朱であることは、すでに調査されたところである。」（島五郎人骨鑑定『高松塚壁画古墳』朝日シンポジウム）つまり、骨に朱を塗ったのであり、かなりの年数を経た人骨ということである。

また、夢殿の建立は七三九年であって、怨霊の呪いは一〇〇年たっても消えることはなく、怨霊となった菅原道真が天神様となっているごとく、高松塚が地元において、古宮《ふるみや》の神様となっていても同様のことで不思議ではない。

キトラ古墳とはなにか

キトラ古墳の版築

高松塚に続いて、キトラ古墳が一九八三年に発掘されたことによって、周辺の古墳調査がおこなわれたが、壁画のある古墳は他にはなかった。

つまり、高松塚の男女群像についての歴史家たちが考える「黄泉の世界への従者説」は否定されたようだ。黄泉の世界への従者説なら他にも壁画が存在しているはずである。

壁画は、後述するように舒明大王陵とされる段ノ塚を除けば、高松塚とキトラ古墳の二例しかないのかもしれない。

キトラ古墳の場所は高松塚と非常に近いが、高松塚は「聖なるライン」という王墓地域に属し、キトラ古墳は渡来系の倭漢《やまとあや》一族の住んだ檜前《ひのくま》地区に属しているとかんがえられる。

それらは、軸線上の位置からわかる。天武・持統陵等は藤原宮の南北軸であり、高松塚等は耳成山の南北軸線上にあるが、キトラ古墳はそのどちらにも属していないからである。

高松塚との比較で、大きな違いは墳丘の大きさにある。高松塚は石室が小さいが、墳丘はキトラより大きい。キトラの二段の円錐台の下段は直径一三・八メートル、上段は九・四メートルであるが、高松塚は下段二三メートル、上段一七・七メートルとなっている。

比較すれば、円墳の大きさに差があるが、キトラの場合、円墳より下の南斜面を版築で固めていて、そこまで含めれば、キトラのほうが立派に見え、工事量も多いようにおもえる。版築とは土と粘土を適量に混ぜて板状に積み上げていく工法で、完全に乾燥しないうちに積み上げるのが特徴となっている。建物の基礎などにも使っている。

キトラ古墳（奈良文化財研究所）
墳丘とは別に下部の版築が素晴らしい

版築に関して、写真をみても、円墳よりそれを支える下段の方がはるかに大きい。周辺は山地や畑地であり、古墳はどこに造ってもよいわけで、より簡単に造成できる場所はいくらでもある。

しかし、耳成山の南北軸に近づくことはできず、檜隅寺と西院伽藍の南大門の鯛石を結ぶ軸線上に存在させねばならない。そして、北側に山のある背後の地となると、現在地しかなかったのではないか。

そのためには、下段の造成工事がいくら大変でもこの場所に造らざるを得なかった。古墳の位置に関してはそうおもわざるをえない。

つまり、キトラ古墳は場所に理由があり、その理由を読み解けば、被葬者に辿りつくということがわかる。すべての古墳がそうではないかも知れないが、その位置や形態が被葬者をあらわしているといえるのではないか。

キトラ古墳の壁画

石室の壁画に関しては、高松塚と同様に四神、天文図が描かれている。異なっているのは、男女群像がなく、十二支像が描かれていることだろう。中国の唐墓壁画や墓誌には十二支像や女性像が描かれており、特に日本だけのことではない。男性像が高松塚にあったことが特殊例なのかもしれない。

副葬品に関しては、盗掘にあっているので、金銅製の飾金具が数点、ガラス玉一〇数粒、琥珀玉数点、銀装大刀の一部などであった。特筆すべきは、大刀に刀身があるということである。

そのようであれば、高松塚の大刀は最初から刀身がなかったとしてよいのではないか。

なぜなら、『高松塚とキトラ』の来村によれば、「キトラ古墳に侵入した墓泥棒たちが高松塚古墳と同一犯と推測している。というのも手口が似ているからだ。そして、キトラ古墳があとで被害に遭ったとも推測している。」としている。

ようするに、高松塚で刀身を盗むなら、キトラ古墳でも盗んでいるはずである。考古学者ではないのだから、錆びたものを重宝するとはおもえない。

高松塚とキトラ古墳の画家について、来村は著書で、次のように明言している。

第一は「両古墳の壁画を手がけた画家は同一人物である」こと。

第二は「その画家はキトラ古墳の壁画を先に手がけ、高松塚古墳の築造にあたり再度同様の依頼を受けた」こと。

第三は男女群像に関して、「芸術家としてのプライドをもつ画家が同じ作品を繰り返すことをよしとせず、人物画という新たな分野に挑戦した」こと。（『高松塚とキトラ』）

つまり、高松塚とキトラ古墳の壁画は同じ画家が描いた。そして、キトラを先に描いたが、再度の依頼による同様の題材に飽き足らず、男女群像を描くことにしたという。

これはかなり画家サイドに立った発言におもえる。ただ、高松塚の方が、技量が上とみていることは確かで、技量が上がったのだから、高松塚が後で造られたとしている。

個人の画家が自由に題材を選んでよいなら、それでもよいが。わたしのような建築家にとっては、常に施主の希望に沿った仕事をしなくてはならない。

その視点からみるなら、高松塚での依頼は日本において未だかつてない墓の壁画である。来村は高松塚の男女群像をピクニック気分の「出行図」であるとしていることから、画家が題材を自由に選べるとみているが、そうではなかろう。

やはり、何のためにこの壁画を作成するのか。その目的のために題材が決定される。注文は葬る側から出されていたとおもわれる。画家が注文主の意図を知っていたかどうかはわからない。「聖なるライン」に属する墓に異例の壁画を描くのである。おそらく、何のために描くのか、真相は知らされなかったのではないか。

したがって、画家さえも、ピクニック気分の「出行図」とおもっていたとしても不思議はない。その点において、来村の見解は正しいようにおもうが、なぜこのような絵を描く必要があったのか。そのことこそ、問わねばならないだろう。

来村の論理にたいしては異論もある。考古学者の山本忠尚著『高松塚・キトラ古墳の謎』によれば、築造は「キトラの方が遅い」としている。

その理由は十二支像にあって、それを十二支像とするなら、かなり年代が下がり、唐の図像から題材をとったなら、七三〇年代まで下がることになる。

中国には壁画の十二支像はほとんどないようで、墓誌にある図像との比較となるようだ。ただし、キトラの像は右手に武器を持っていて、十二神将という見方なら六〇〇年代もありうるということであった。山本のような研究者にとっても、日本独特の十二支像のようだ。

これらの話とわたしの印象を含めて結論を出すと、次のようになる。来村の述べるように、「同一の画家集団や石工集団である」という説には納得するが、同じ画家とはおもえない。

来村は玄武の亀の描き方にキトラより高松塚に進歩の跡があることが証拠であると主張している。

それはキトラの亀の左前足の付け根のふくらみが、高松塚にはないのが最大の理由となっている。写真のごとく同じ題材で比較してみるとよくわかる。ともに、中国の壁画と比べても遜色なく、むしろ優れているようにみえる。

だが、構図を比較するなら、蛇の全体形が高松塚の方が円に近く、キトラは楕円にちかく扁平となっている。したがって、高松塚の方が格調高く感じる。

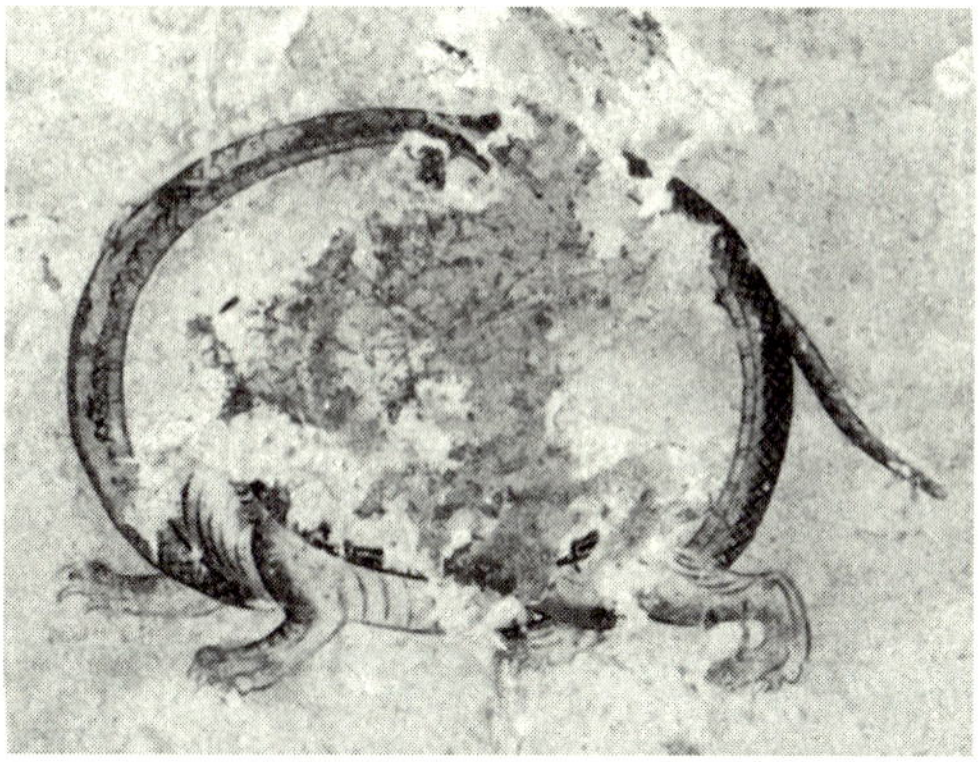

高松塚　玄武（文化庁）
（一部故意に破壊されている）

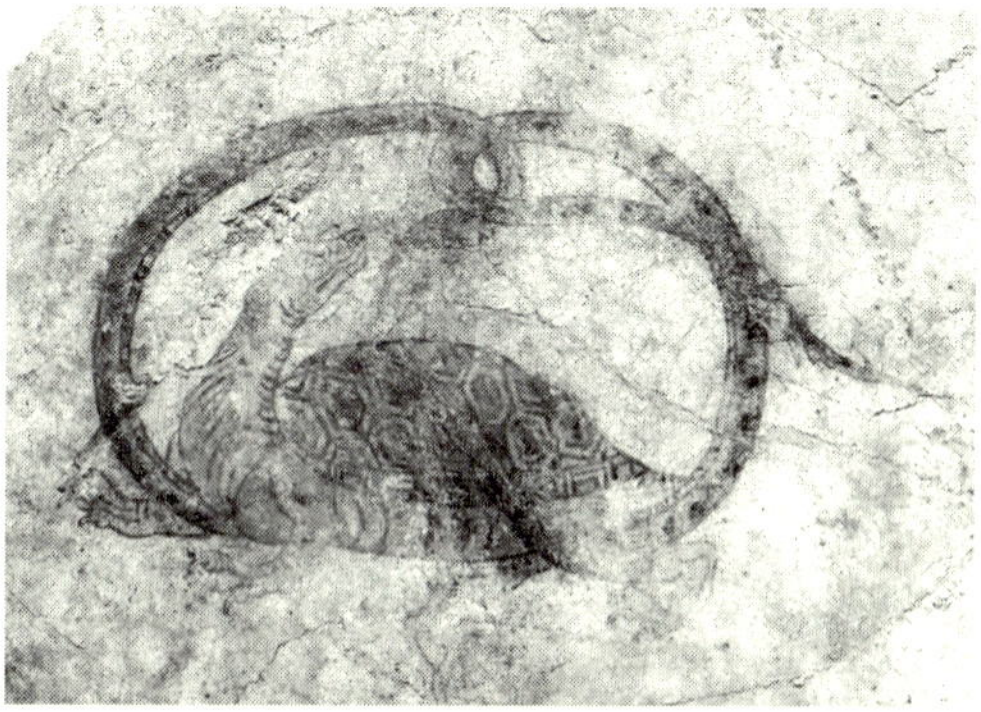

キトラ古墳　玄武
（奈良文化財研究所）

また、筆致の違いが足の踏ん張り方や足の指や爪など細部にも表れているようにみえる。高松塚の方が明確に描かれている。白虎や青龍も同様で、構図の高さに違いがあり、画家の技量は高松塚の方が少々上とみた。どちらも素晴らしいことに変わりはないが。

構図の差や筆致の違いなどから、同じ画家の描いたものではないとおもうが、わたしが述べたいのは画家の問題ではなく、来村の述べるように、二つの古墳は同一の画家集団や石工集団の手になるものということである。

キトラ古墳の被葬者

そうであれば、この二つの古墳の近くに住む檜隅寺を氏寺とする倭漢氏のなかでも、坂上直《さかのえのあたい》一族の仕事ではないかとかんがえる。

彼らは欽明陵とされる梅山古墳（桧隅坂合陵）において、最も高い柱を建てた（『日本書紀』）ことで有名であり、土木建築に優れていたという証明となっている。当時の建築には技術や芸術の粋が集められていた。そして、檜隅寺は周辺では標高が高く、まさしく坂上に彼らの居住地があったとするほうが自然であって、彼らのテリトリーの範囲で古墳の仕事がされたとかんがえられる。

したがって、先に国家の特別の仕事、高松塚の築造が行われた。そのように推測できる。それを指揮した人物が、みずからの墓を造った。それがキトラ古墳とかんがえる。

そのように言う根拠を後述しているが、ふたつの古墳の目的はまったく異なるのであって、高松塚が死者に対して、三種の神器を持たせ、男女群像を描いている。それは死者への鎮魂の行為にほかならないのではないか。

また、男女群像がわたしのかんがえる女官や舎人など被葬者の身の回りの世話をする人物としても、葬る側の意図が異常に強いのである。

それにくらべて、キトラ古墳に関しては壁画の存在を除けば、石室などには特段に変わったことはない。むしろ、平穏にこの世の成功者として、四神や十二神将に守られ、天空を眺めて死後を送りたい。そのように葬られたいという欲求を感じるのである。

わたしは、キトラの被葬者は渡来系の倭漢氏の坂上直一族と推測しているので、壁画については独創性があるとしても、朝鮮半島や中国大陸にはこのような例が存在することは確かで、違和感がない。それらの証明については後述する。

以上、長々と述べてきたのは法隆寺の謎や若草伽藍や高松塚・キトラ古墳を理解していただくためであったが、前置きが長くなってしまった。だが、若草伽藍の軸線がキトラ古墳と高松塚や梅山古墳に関係していることから、仏教による鎮魂の様相が決定的であり、それらの被葬者を推測することが可能になった。主題は誰が葬られているかという問題である。

第二章　若草伽藍―梅山古墳の軸線と耳成山南北軸

軸線の原点は欽明大王陵（梅山古墳）と若草伽藍が結ばれていることであった。その結ばれる理由を述べると共に、その梅山古墳が御破裂山に向き、耳成山の南北軸と交差していることの意味を探る。それは明らかに仏教寺院と古墳の結びつきであった。

そして、耳成山の南北軸こそが、いわゆる藤原京に先行する倭京が存在していたことの証明であり、それらを構想した大王がいたことを物語る。

仏教による鎮魂＝若草伽藍―梅山古墳の軸線

若草伽藍の位置決定に関与した丸山古墳と梅山古墳

若草伽藍の位置はどのように決められたのか、そこには理由が存在するはずである。その解明は若草伽藍を建造した人物の心を知ることとなる。

古代倭国のイメージ図［図・1］のように、斑鳩は難波湊からの街道と筋違道への分岐点であり、舟運が盛んであった大和川から飛鳥川への分岐点であった。その高台に建つ若草伽藍の五重塔がランドマーク・タワーとなっている。その伽藍の向いた方向を二〇度に設定したのが、始まりだったようにおもう。

しかし、角度は都市デザイン的に決まったが、若草伽藍の位置はいまだに定まらない。斑鳩の北側は生駒山地の山並みが伸びていて、山裾に配置するとしても、なにを目標にしたらよいか。そこで登場するのが畝傍山《うねびやま》の先に見える奈良盆地最大の前方後円墳の丸山古墳（写真参照）であった。

つまり、ランドマーク同士を結び付けるアイデアであった［図・15参照］。正確には丸山古墳をかすめて奥にある欽明陵とされる梅山古墳（写真参照）と軸線で結ばれているのだが、丸山古墳の中心軸線が南東方向に見える高取山を向いていることを配慮したようにみえる。

したがって、筋違道と平行に、梅山古墳から北西方向に延びる角度二〇度の軸線上の山裾に、若草伽藍を建立したとかんがえられる。そのことが若草伽藍と丸山古墳及び梅山古墳が軸線で結ばれた理由であって、角度二〇度の意味といえる。

それらの建造物の意味をかんがえる時、みずからの親の菩提を弔いつつ、その建造物を都市デザインにつなげる才覚があったということである。

それを決定した人物が誰であったかは次の問題だが、その人物と丸山古墳及び梅山古墳の被葬者に結縁的な関係があったとするほうがより自然といえるだろう。

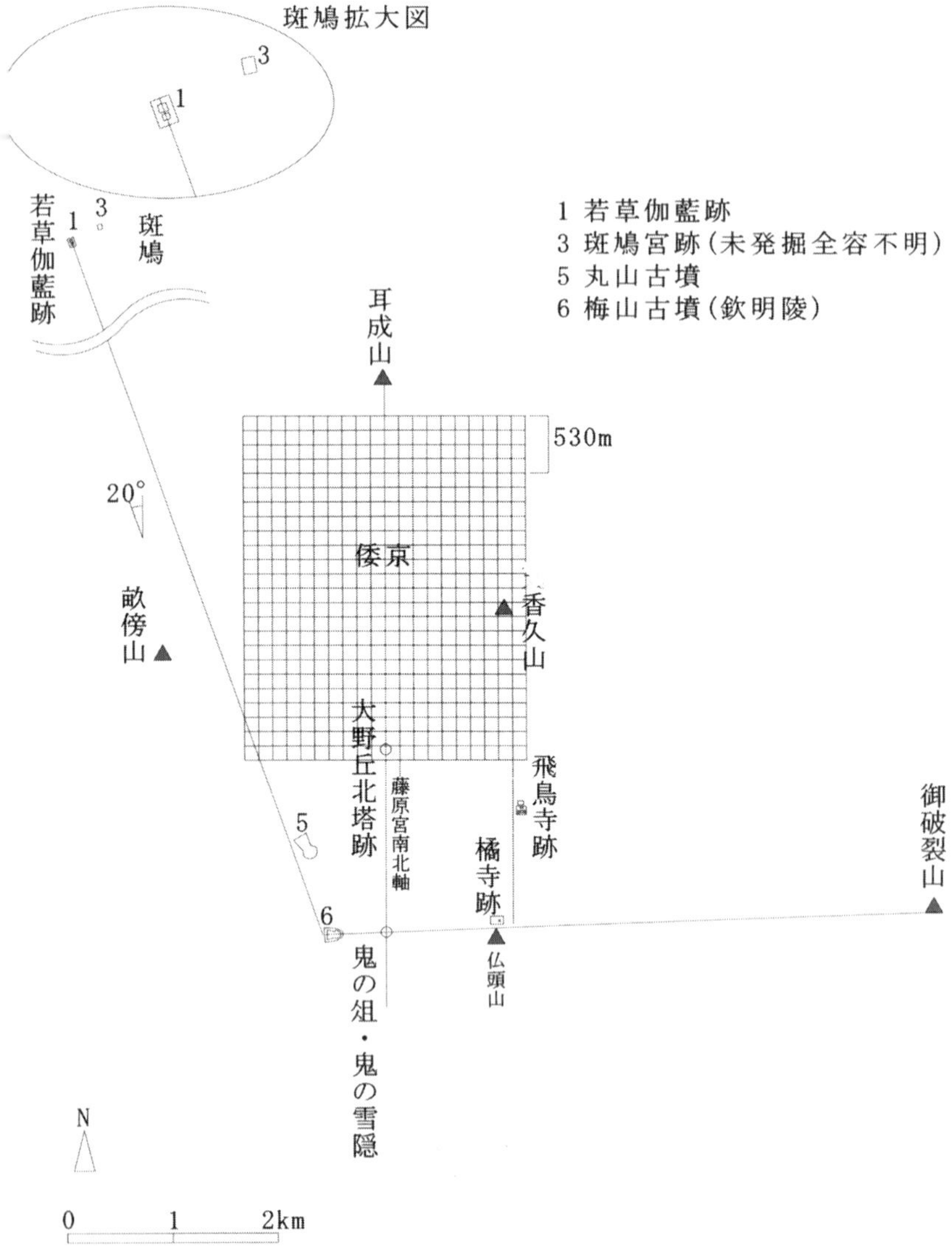

図・15　610年頃の軸線図（中国「隋」の使者が訪れた頃の倭京イメージ）

このような事実から、若草伽藍と梅山古墳は、五九〇年頃に建造されていたと考えられ、それらを決定した人物は丸山、梅山の双方の被葬者の縁者であると考えた方がよく、これらの先にみずからの墓を用意しているはずであり、それが「鬼の爼・鬼の雪隠遺跡」の破壊された古墳である。

その梅山古墳の水平位置は藤原宮の南北軸上にある天武・持統陵と同じ高さであり、その天武・

丸山古墳

梅山古墳西側より御破裂山を望む

持統陵が「いわゆる藤原京」の南京極から二条分の一〇六〇メートルの位置にあることがわかっている。つまり、梅山古墳の位置は藤原京の一〇〇年前から、そのような距離が使われていたことを物語っている。

軸線の意味は子（敏達）が親（欽明）の菩提を弔うためである

域外《めぐり》に土山のある梅山古墳は欽明天皇陵とされるところから、崩御した五七一年前後が造営開始時期となる。そして、若草伽藍は五九〇年前後の建立（理由は前述済）とされているので、建設時期が近接していて、この二つの建造物が何らかの関係があるとわかる。そして、その関係が何か解明されれば、若草伽藍を誰が建造したのかわかるとおもう。

自然にかんがえるなら、大王である子が亡くなった大王であった親の冥福を祈るために寺院を建立したのであり、同時にその若草伽藍は、日本において、最初に仏教と死や墓が結びついた例といえる。仏教は、他国では日常と密接であるから、非日常の世界となっている日本において、現存する最初の例となっているのは意義深い。

日本において仏教はどのような「かたち」を持っていたのか。宗教学者の山折哲雄が次のように述べている。「人間の執念や怨念が凝りかたまって呪詛霊《じゅそれい》になる、と考える文化風土」が日本列島にあって、そのような「死者浄化のイデオロギーとしての大乗仏教だったのであり、密教的な加持祈祷のシステムであった。」（『日本文明とは何か』）つまり、呪詛霊となった死者を浄化する為に仏教が使われたということである。

また、その若草伽藍の五重塔は仏教を推し進める意味を込めたランドマーク・タワーであって、都市デザインとして斑鳩に建てられたことに意味があったのである。斑鳩は難波湊から倭京までの中間に位置していて、筋違道も二〇度の角度となっていることも、そのように推測する理由である。

難波湊の四天王寺、斑鳩の若草伽藍、倭京の飛鳥寺は建設時期が集中しており、セットで建てられたのだ。おそらくは橘寺も四天王寺形式の伽藍配置で、奈良文化財研究所によれば、存続期間が七世紀第一四半期（六〇〇～六二五年）とされるところから、それらは関連がある。

六一〇年頃の軸線図［図・15］をみると、若草伽藍から延びた軸線が梅山古墳に至り、そこから御破裂山に向かう軸線の途中に仏頭山がある。その北側に東西軸の橘寺があって、橘寺の東側の道路を北に行くと飛鳥寺に至る。飛鳥寺の背景には香久山《かぐやま》が見えるという構図になっている。

これらは偶然にできているものではなく、そのように意図されている建築群となっている。しかも、すべて四天王寺形式の軸線に沿った伽藍配置で、最後に十字形の飛鳥寺の伽藍となるわけで、それらは計算されて造られているのである。

それを『日本書紀』の語るように、飛鳥寺だけ蘇我馬子が造ったなどと、とても信じるわけにはいかない理由がここにある。欽明大王（天皇）の子の敏達の業績が隠されているのである。

耳成山の南北軸は敏達が設定したはずであって、敏達は耳成山の南北軸と梅山古墳―御破裂山の軸線の交点にみずからの古墳を造ったが、それらは破壊されている。「鬼の俎・鬼の雪隠」遺跡のことだが、敏達は明らかに歴史から消滅させられている。

梅山古墳の東西軸と耳成山の南北軸の交点に眠る人物

梅山古墳の東西軸線を延長すると橘寺の背後にある仏頭山を通り、御破裂山に向かっている。日本列島人は縄文時代から死者を高い山などの方向に頭をむけて葬る習慣があって（小林達雄著『縄文人の世界』）、そのようになっているのであろう。

橘寺は発掘によって、若草伽藍と同じ伽藍配置だが、中心軸が東西となっていたことがわかっている。橘寺もまた梅山古墳の東西軸線を配慮して建てられているとしてよく、欽明大王（天皇）の橘宮があり、聖徳太子とも関連があると伝承されている。また、六八〇年に火災が起きたと『日本書紀』に記載されている。

梅山古墳の位置からすれば、丸山古墳のように高取山に向けるのが自然であるが、そのようにしなかった理由があるはずである。飛鳥寺と結びつける意図があったことも確かだが、最も重要だったのは、梅山古墳を東西軸として、耳成山の南北軸との交点をつくるためであった。

梅山古墳が欽明陵であるなら、それを意図した人物は、欽明の子の敏達であり、彼が一連の寺院を造り、みずからの墓である古墳をその交点に造ったのである。それが権力者の心理であろう。

耳成山の南北軸線もまた、梅山古墳の築造時期に周囲から目立った山に向けて設定されたのであろう。それは明らかに梅山古墳の東西軸線と交差することを意図していたとおもわれる。その交点こそが、これらの全体を構想した敏達大王（天皇）が眠る墓であり、法輪寺と二〇度で結ばれているのである。

耳成山の南北軸と倭京

「いわゆる藤原京」という都市の名は、後の歴史家の創作に過ぎないのだが、『日本書紀』がそれ以前の都市を誰が造ったのか、語らないことが原因である。敏達の業績を隠したわけで、むしろ、語れなかったというほうが正しいだろう。欽明のころから道路はあったとおもうが、完全に整備したのは五八五年に大野丘北塔を建てた時期であろうと推測する。

耳成山の南北軸を中心として、道路の造成を開始して、その完成時に塔を建てた。その後に同時進行していた飛鳥寺が完成し、以後順に、斑鳩に若草伽藍と斑鳩宮、難波湊に四天王寺と大郡《おおごおり》（政府の饗応施設）を建設していった。

「いわゆる藤原京」の道路は高麗尺という古い尺度でつくられている。南北の大路を「坊」と呼び、東西の大路を「条」とする呼び方があるが、条坊大路の間隔は五三〇メートルである。

それは六九四年に藤原宮に遷宮した時点の都市、新益京《あらましのみやこ》（『日本書紀』）の区画である。新益京とは新しく増やした都市というような意味で、固有名詞とされていない。つまり、藤原宮の中心南北軸を朱雀大路とした都のことである。

わたしはそれ以前に耳成山の南北軸を中心とした都市があったとかんがえている。それを六一〇年頃の軸線図［図・15］に描いてあるが、条坊道路の間の五三〇メートルの四分の一の一三二・五メートルが、藤原宮南北軸と耳成山南北軸の水平距離なのである。ちょうど最小の道路間隔の一本分ずれている。

そのことは耳成山の南北軸が先にあって、道路が高麗尺で造られ、最小の道路間隔が五三〇メートルの四分の一となって、新益京と同じ碁盤目状の道路を持った都市が先行してあった可能性を示している。

その後に、藤原宮の南北軸を中心とした都市が造られた。

なぜそのようなことをイメージするかというと、前述しているが、法隆寺西院伽藍の中門軸と伽藍全体軸がずれていて、ふたつの中心軸線が存在することから、それらが呪術的に設定されているように想像するからである。

また、天武天皇が盛んに新城《にいき》をつくろうと視察を繰り返していることも考慮に入れている。寺院と都市の築造時期が重なることも偶然ではない。

ようするに、新益京は倭京の道路を利用して京域を拡大し、宮殿を造営して、中心軸をずらしたという可能性は大きい。

その証拠に、藤原宮の遺跡の下から道路や運河が発掘されている。その他の道路遺構は幅も何種類か存在し、幾重にもかさなっているという。

天武天皇の時代に建築は唐尺というひとまわり短い尺度に変化したが、道路の尺度は平城京まで高麗尺であった。しかし、高麗尺の使用は平城京移転直後の七一三年に禁止された（『続日本紀』格《きゃく》）。平城京は高麗尺なのだから、移転直後に禁止するのも変な話である。

平城京を唐尺としたならば、「いわゆる藤原京」は、なぜ高麗尺としたのか不思議がられる。六九四年に遷宮して、七一〇年に平城京遷都したのだから、あいだが短すぎる。藤原京以前の都市の存在を消したかったことに尽きるようにおもう。

法隆寺西院伽藍は高麗尺で造られているのだが、なぜ唐尺で建てられていないのか、謎であった。古い尺度が使われていることが非再建の理由になるほどであったわけで、尺度の話は重要な視点である。

第三章　聖なるゾーン（ふたつの南北軸）

天武・持統陵の周辺に存在する古墳群が二つの南北軸に分割できることを発見した。そのことによって、その古墳群の序列や血縁関係などがわかった。また、ふたつの南北軸がひとつの都市に存在する意味は、新旧ふたつの都市があったということである。

それらが、なぜそのように配置されなければならなかったのか。それを読み解けば、高松塚の被葬者に到達することができる。

藤原宮南北軸と耳成山南北軸

高松塚は、［図・3］や［口絵］などに示したように、日本史学者の岸俊男が唱えた天武・持統陵などがあり、天皇一族がねむる古墳群「聖なるライン」に属し、耳成山の南北軸上にあって、斑鳩宮の跡地から若草伽藍とおなじ角度の軸線がまじわる点にある。このことだけで、ここに眠る人物が尋常ではないことを物語っている。

最初から感じている疑問だが、天武・持統陵をはじめとする古墳群は「聖なるライン」ではなく、「聖なるゾーン」ということである。ラインは線という意味だが、一列に並んでいるわけでないので、この場合はふさわしくない。

古墳群はバラバラに配置されているわけでなく、二つの南北軸線上に並んでいることは前述した。そして、その二つの南北軸が都市の中心軸を形成していることを推定した。「いわゆる藤原京」とそれ以前から存在した倭京があった可能性を指摘したのである。そして、耳成山の南北軸のほうが古いことがわかった。

その耳成山の南北軸線と若草伽藍の二〇度の軸線との交点に位置しているのが高松塚である。それは明らかに、焼失した斑鳩宮やその跡地に建つ法隆寺東院伽藍の夢殿につながっている。

その事実を偶然とするなら、確率的に二つの意味のある軸線が一点でつながることはない。古代の権力者が陵墓に文字のある墓誌を入れずに、どこでもかまわず葬られるともおもえないのだ。

その位置でなければならない理由が、かならずあるに違いない。通常に思考する人間が一三〇〇年間誰も気付かなかったことのように、別の思考があるとおもう。

これらの遺跡がある「いわゆる藤原京」は発掘によって、平安京や平城京をしのぎ古代最大の都市とわかった。それは天武天皇が構想した都市で、持統の時に遷宮をした新益京であった。新益京（新しく増やした京）なのだから、元々都市があったということである。

わたしは、その元々の京は敏達が整備した倭京であって、その後、天武天皇が新益京として拡大させたと推測している。なぜなら、その都市には前後する二つの南北軸があった。

ひとつは軸線図［図・3］のように、六九四年に完成した藤原宮の中心南北軸を南に延長した線上に、菖蒲池古墳―天武・持統陵―火振山古墳―塚穴古墳があり、反対の北側へ約五九キロメートルいったところ、京都山科に天智陵がある。

天智陵は六九九年に造営を開始したという記載が『続日本紀』にある。天智崩御（六七一年）から二八年ほども間があいている。それまで、なんらかの理由で造営できなかったということである。

もうひとつは［図・3］のように、耳成山の南北軸で、その軸を南に延長したさきには大野丘北塔―五条野宮ヶ原古墳―鬼の俎・鬼の雪隠遺跡―中尾山古墳―高松塚とつながり、明らかに藤原宮の南北軸とは異なるもうひとつの南北軸がある。

大野丘北塔（和田廃寺）は『日本書紀』敏達紀の五八五年に蘇我大臣馬子宿禰が大野の丘の北側に塔を建て、舎利を柱頭に収めたとあるが、その遺跡は耳成山の南北軸上にある。

ふたつの軸線のなかで菖蒲池古墳と五条野宮ヶ原古墳は、調査の結果、墳墓の形状と方位から豪族級とかんがえられるので、親族の可能性もあるが、今回の検討から排除できる。そうすると、北から次のようになる。

○　藤原宮南北軸　　天智陵―天武・持統陵―火振山古墳―塚穴古墳

○　耳成山南北軸　大野丘北塔―鬼の俎・鬼の雪隠遺跡―中尾山古墳―高松塚

この二つの南北軸の水平距離は一三二・五メートル（五三〇メートルの四分の一）と狭いが、明確に別の軸といえる。「聖なるライン」というなかに共存しているが、全く別の南北軸である。ただ、それらはゾーンを形成しているわけで、血縁などなんらかの共通性がある。

例外は、大化の改新とよばれる乙巳の変のヒーロー天智陵だけは遠く離れた場所であって、その意味は「聖なるゾーン」では不都合であったということだ。また、天智の陵墓について『日本書紀』は語らず、前述のように二八年後にはじめて造営されることが『続日本紀』に記載されている。それは明らかに異常なことで、天智は通常に葬ることが出来なかったという意味である。

この二つの南北軸を比較してみると、耳成山の軸線はただ単に南北軸だけではなく、梅山古墳の東西軸をともなった十字形をしていた。それは、さきに述べた飛鳥寺の伽藍配置が十字形を示していたことに似ていて、同時期で共通性があり、大王位にいた人物がそのように意図したとする方が自然であろう。

梅山古墳は完全な東西ではなく、微妙な角度（二度）で前方後円墳の中心軸は東にむかい、橘寺の背後にある仏頭山を通過し、そのさきの御破裂山に到達している。その山の南には、なぜか藤原鎌足を祀る談山神社（多武峰妙楽寺）があることも不思議なことで、その山にはなんらかの意味があったと推測できる。

そして橘寺もまた、発掘資料によれば、ほぼ東西軸で四天王寺式伽藍配置をしていて、飛鳥寺から続く一連の軸線の流れの中にあり、隋の使者が来た時期に建設されていた可能性が高い。

藤原宮南北軸線上の古墳

「聖なるゾーン」のなかで、耳成山の南北軸線上の古墳をはずした結果、残ったものは約五九キロメートル北の京都・山科にある天智陵にはじまり、「天智陵」―「天武・持統陵」―「火振山古墳」―「塚穴古墳（文武天皇陵）」と北側からならんでいる。

そのなかで、火振山古墳は調査されていないが、持統と天武のあいだの子で六八九年に亡くなった草壁皇子《くさかべのみこ》という可能性がある。つまり、北側から亡くなった順に葬られているのではないか。持統天皇は天武陵に合葬する意思を示していたので、火振山古墳という可能性もあるが、軸線から除外してもよいかもしれない。

また、このことは耳成山の南北軸線上における古墳についても、北側から亡くなった順であるとしてもよい。

藤原宮に遷宮した持統天皇の嘆きは夫である天武が六八六年に亡くなり、六八九年に我が子の草壁皇子が死んだことであった。調査によれば、そのころに西院伽藍が建立されていることがわかっていて、建立の理由が天武の死や草壁皇子に関連している可能性が高いことがわかる。

前述の『古代史を解く鍵』によれば、高松塚の男女群像の壁画から、その服装に注目して、築造もそのような時期（六九〇年頃）となっている。

特に注目する点は天智陵の異常さである。形態の話ではなく、場所と葬られた時期の問題である。天武天皇とつぎの天智の子である持統天皇の時期は陵がつくられず、文武天皇の時代の六九九年にはじめて造成されるのである。そのあと持統が七〇二年に亡くなった。

持統は天智の陵を造って、仕事を終えたということになる。やはり、天智は「聖なるゾーン」には通常入れないほどの大罪を犯したのではないかと、疑う理由がここにある。

建造物は造られるべき時に造られなければ、何か理由が存在する。やはり、造成できる時を待って実行したのであろう。文武に譲位した後に、藤原宮の南北軸に葬る機会を待ったということだろう。

天智が六七一年に亡くなってから二八年後に陵が造られた理由と藤原宮の南北軸線上だが、はるかかなたの京都・山科の地である理由を知れば、「法隆寺コード」の謎が解けるとおもっている。

破壊された古墳が造り直された例もある。塚穴古墳（文武天皇陵）は藤原宮南北軸線上から少し外れている。伝承によれば、江戸時代末期に造られた古墳ということであるようだ。徳川時代の末期には公武合体などの政治状況によって、田畑になっていた古墳を再構築したというのだ。

文武陵の最初の位置は現在地からもう少し北東だったようで、そのようであれば軸線上に乗ってくる。したがって、藤原宮南北軸線上の古墳の意味は亡くなった順で、血縁関係を表しているということである。

念のため、表・6において、天武・持統陵と天智陵の方位角を計算した。限りなく〇度となって、天智陵は天武・持統陵の真北にあることがわかる。

表・6　天武・持統陵と天智陵の方位角計算表

場所	緯度（北緯）	経度（東経）	方位角	軸線角度
天武・持統陵	三四度二八分七・五	一三五度四八分二八・一六	三五九度五五分一八秒二六	〇度四分四二秒（三六〇度―方位角）
天智陵（京都山科）	三四度五九分五一・三	一三五度四八分二五		

耳成山南北軸線上の鬼の俎・鬼の雪隠遺跡

「鬼の俎・鬼の雪隠遺跡」は破壊された古墳であり、若草伽藍からつながる欽明陵の東西軸線と耳成山南北軸線との交点にある古墳であることがわかった。欽明のあとで順序からいえば敏達大王

（天皇）ということになるが、どちらにしても「隠された大王」であることは確かである。

その「隠された大王」は南北軸と東西軸の交点を構想した人物であり、飛鳥寺の塔が金堂と門によって構成される十字形をした軸の中心におかれていることが連想され、中心性を好む性向が若草伽藍や四天王寺にもつながる。

そのことは、逆に、日本において特異な伽藍配置の寺院がこの時期に集中して建設されていることを表しているわけで、ひとりの人物が強力に仏教の導入を推し進めている構図が浮かび上がる。

そして、「鬼の俎・雪隠遺跡」はそれらの建造物と同年代を生きた大王（天皇）の古墳であると想像できる。

また、「鬼の俎・雪隠遺跡」は現地調査の結果、かなり特殊な石棺とわかった。［図・16］のように「鬼の俎」は石棺の台座であり、「鬼の雪隠」は巨石をくりぬいて馬蹄形とした石棺の台座（鬼の俎）の覆《おお》いで、その三つに分けられた片方の端部（頭の方）とかんがえられる。それらは散乱しているわけで、破壊された古墳であることがわかった。

その古墳の形状は破壊されたとはいえ、［図・9］のように現状の等高線から判断すると、明らかに人工的な痕跡が残っている。

それは［図・17］のように富士山のような台形だったと想像する。中心軸とか中心性ということに執着した大王の性向のようなものが感じられることから、そのように想像した。また、耳成山の姿も円錐形をしていて、その形態に対応するには台形がふさわしい。

つまり、破壊された古墳の被葬者は「隠された大王」敏達であって、仏教を導入し、飛鳥寺などの寺院を造り、都市（倭京）を整備した独創的な大王の古墳であったと想像できる。『日本書紀』の編者にとって、そのような古墳はあってはならないのである。

全くの想像に近いが、［図・17］を見ていると、聖徳太子が死亡する前年の六二〇年に欽明陵の域外《めぐり》の土山に柱を建てたと『日本書紀』にあることが思い浮かぶ。欽明が亡くなってから五〇年が経って柱を建てるなども不自然であって、それは敏達が亡くなった時期のようにおもう。結果として、二ヶ所に柱を建てたのではないか。「隋」の使者が来た時期と敏達が亡くなった時期の二回であったと想像される。

確実に言えることは、梅山古墳から延びる東西軸と耳成山南北軸の交点にある鬼の俎・雪隠古墳は二〇度の軸線によって斑鳩の法輪寺と結ばれていることである。そのことは若草伽藍と梅山古墳の関係に同じであって、明らかに敏達が意図したものとわかる。

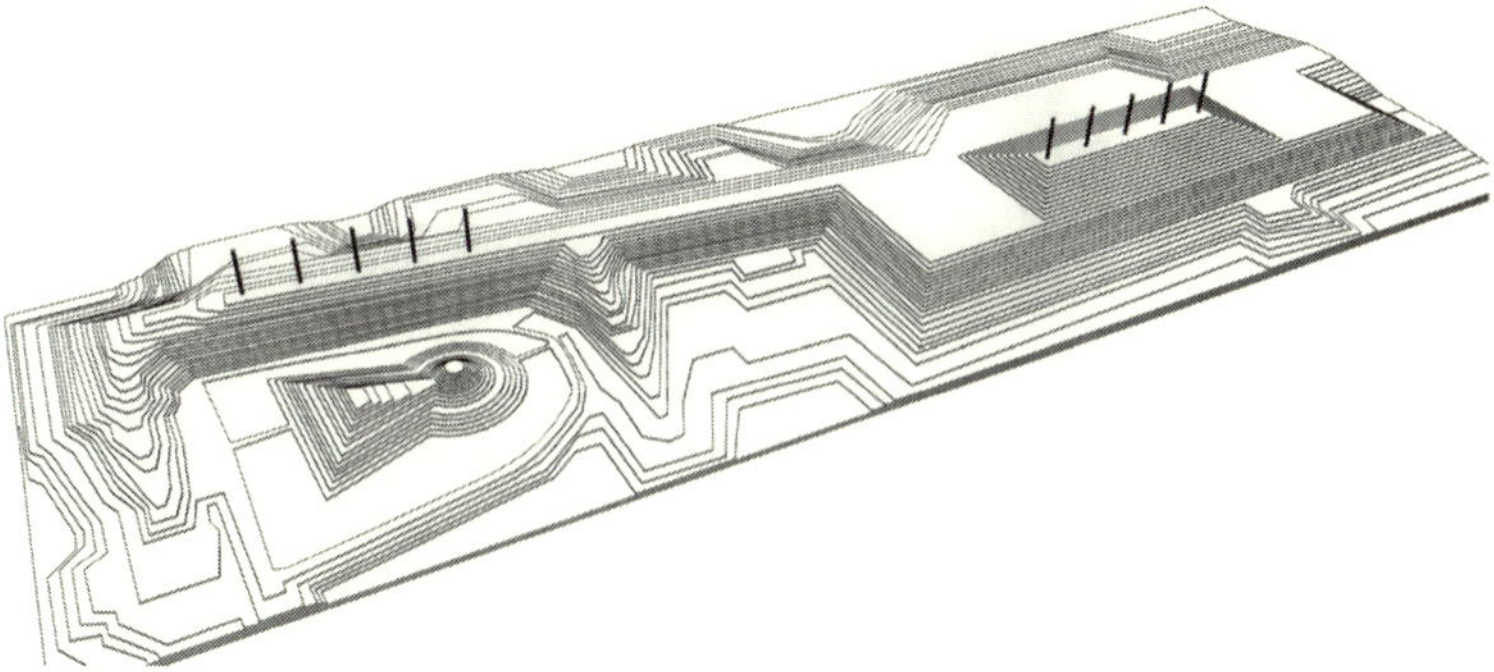

図・17　梅山古墳や域外《めぐり》の土山と鬼の俎・雪隠古墳復元想像図

鬼の雪隠

鬼の俎

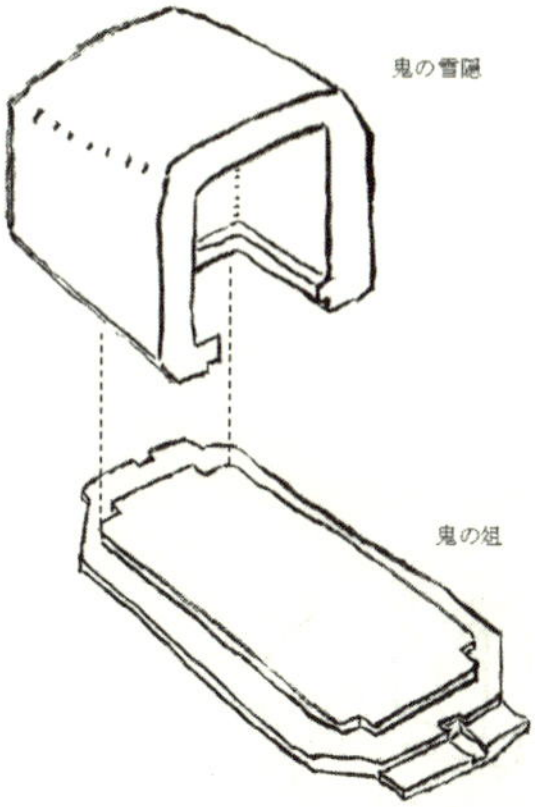

図・16　鬼の俎・鬼の雪隠遺跡

中尾山古墳—飛鳥板蓋宮—押坂陵（段ノ塚）の軸線

中尾山古墳の概要

中尾山古墳は耳成山の南北軸線上に乗っている古墳であり、敏達の血縁の舒明大王（天皇）が被葬者とかんがえている。中尾山古墳の墳丘規模は一九七四年の調査にて対辺長三〇メートルの三段に築かれた八角形墳であると判明している。天皇の墓ということである。

舒明は『日本書紀』によれば、六四二年に滑谷岡《なめはざまのおか》に葬られ、その翌年に押坂陵《おしさかのみささぎ》（桜井市大字忍坂字段の塚）に移葬されたとある。理由は書いてないが、土木機械のない時代に二つの古墳の工事が一年ほどで終わるとおもえず、疑問を感じる。

最初に葬られた滑谷岡は『全現代語訳日本書紀』（宇治谷孟訳）によれば明日香村冬野とされている。山奥だが御破裂山の南であって、崇峻大王が蘇我馬子に殺害されて葬られた場所が御破裂山の北であるのに似ている。

冬野と御破裂山の間にあるのは、御存知のように、藤原鎌足を祀るという多武峰妙楽寺であり、現在は談山神社となっている。それらは理由もなく、その場所にあるのではないとわかる。

中尾山古墳が別の被葬者であるとする見解もある。『飛鳥から藤原京へ』（木下正史、佐藤信編）

に収録される『飛鳥・藤原の墳墓』（今尾文昭著）によれば、中尾山古墳は文武天皇陵とする意見が強いとある。

その理由は、八角形の「墳形に加えて横口式石槨の構造と規模にある。底石と天井石は花崗岩、側石と閉塞石には凝灰岩が用いられる。内法《うちのり》は九〇×九三センチ、高さ八七センチ、つまり三尺四方に仕上げている。これでは成人の伸展葬《しんてんそう》による棺の収納はまず不可能だが、火葬された遺骨を納めた蔵骨器ならば収まる。そこで被葬者が火葬の天皇ならば説明がつくというわけである。」（『飛鳥・藤原の墳墓』）

伸展葬とは足を延ばした状態で葬ることだが、墓に蔵骨器はなく、石槨を構成する石のすき間は漆喰で埋められ、石面は磨かれて水銀朱が塗布されていたそうだ。赤い壁面の中に蔵骨器がおかれていたということだ。

石槨が小さいことが、火葬された文武天皇に結びつくということだが、火災に遭った場合もかんがえられる。舒明が亡くなる六四一年は乙巳の変に近く、山背大兄皇子（六四三年殺害）の例もあって、そのあたりに死の影が集中しているのも何か怪しげである。

朱色に塗装された石槨の中に置かれた蔵骨器を想像すると、他にないような異常なものを感じる。これはなにを表しているのだろうか。

舒明と押坂陵（段ノ塚）

それでは、舒明大王の押坂陵はどのようなものであろうか。

舒明は六三〇年に初めて遣唐使を送っている。その返礼として六三二年に唐朝より高表仁が来たと『日本書紀』は書いている。舒明は敏達が遣隋使を送ったと同様の政策をとっている。その唐よりの使者は六三三年に帰国した。

『旧唐書』の「倭国」には、高表仁が来朝したことを伝えている。『日本書紀』との年代には共通のものがあって、不自然なものはないようにおもえる。だが、『旧唐書』には、高表仁が倭国の王子といさかいを起こして、国書を読み上げずに帰国したとある。『日本書紀』にも難波湊から帰国したようで、倭京には行かなかった様子が感じられる。

その倭国の王子とは誰であろうか。興味のあるところだ。舒明の子である天智天皇が後に百済救援のために兵を挙げ、白村江で唐の大軍に惨敗したことをかんがえると、若き天智（中大兄皇子）だった可能性がある。

やはり、天智がからむ六四五年の乙巳の変において何が起きたか。様々な状況を想定した方がよいようにおもう原因がここにもある。なにかしら政治的な問題があったとすれば、クーデターも考慮に入る。

『旧唐書』には、その後の六四八年にも倭国王から上表文を新羅の使者に託して、唐の皇帝のご機嫌伺いをしたとあり、その時期は孝徳天皇の時期であって、舒明と同じ政策をとっていたことが知れる。だが、使者は送れなかったことを示している。

舒明の押坂陵は一般的に段ノ塚古墳と呼ばれている。「塚は、何よりも亡霊の鎮まりますところであった。」（『黄泉の王』）ということで、段ノ塚という地名が示すように、「そこへ近づくことすらタタリがあると恐れられた」（同）場所であった。その塚という地名が残っていることこそ、高松塚と同様な意味があるようにおもえる。

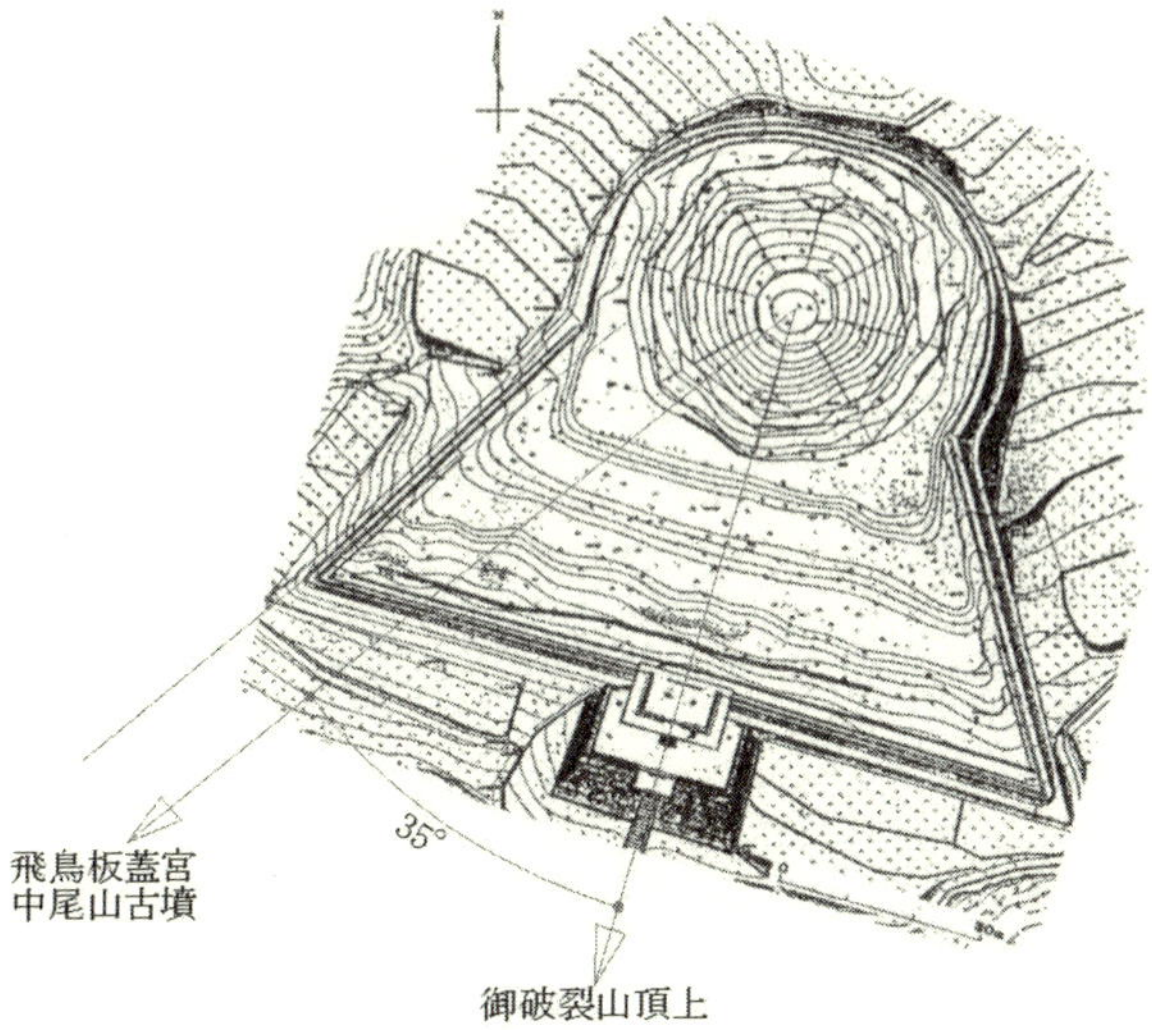

図・18　押坂陵（段ノ塚）の軸線
（飛鳥板蓋宮と中尾山古墳への方向と古墳の形態が重なる）
（国立歴史民族博物館の資料を利用した）

段ノ塚は江戸時代末期に現在のように周辺が整備されたとされている。［図・18］のごとく、台形状の方墳の上に、対辺長四二メートルの八角形墳がのっていて、台形の底辺は一〇五メートルにも及ぶ大きく特異な古墳となっている。

段ノ塚は、前方後円墳の梅山古墳の後に初めて八角形墳が採用されて、その後天皇陵として使用されていく貴重な古墳であるとされている。現在は宮内庁の管轄であって、内部は調査されていない。

石室内部について、幕末の山陵研究家の谷森喜臣が著した『山陵考』には、村人の伝聞として、石室内部に石棺が二基あったとされている。

村人の伝聞があるということは、盗掘されている可能性があるが、詳細はよくわからない。わたしは高松塚と似たような状況から、もうひとつの壁画の存在する可能性があるようにおもう。

段ノ塚の形態が示す中尾山古墳との関係

原点に帰るならば、建造物は最初にどこに造るか、位置が問題である。つまり、どこに位置しているかということが重要になる。古墳であれは、その被葬者の血縁や因縁の大きな理由となる。古墳の位置は制約のある場所ではなく、どこに造ってもよいわけで、なんらかの理由を付けるのが人間の仕業である。

高松塚が耳成山の南北軸線上にあると同様に、中尾山古墳も同じ状況であって、「鬼の爼・雪隠」遺跡を敏達とすれば、その直系は舒明で、中尾山の被葬者は舒明となる。そして、高松塚は舒明の第一子であり、皇太子であった古人大兄皇子ということになる。

古墳の形態として、段ノ塚の底辺は御破裂山に垂直となる角度に造られている。それは［図・18］を見ればわかるが、段ノ塚の中心軸が御破裂山を指しているということである。ここにもまた、御破裂山が登場する。梅山古墳から続く流れのなかにある古墳という意味をもっている。

それは、梅山古墳（欽明）—鬼の爼・鬼の雪隠（敏達）—御破裂山—段ノ塚（舒明）という流れという意味だが、御破裂山という山が重要な役目を負っているようにみえる。それゆえに、御破裂山の南に藤原鎌足を祀る多武峰妙楽寺（談山神社）があるのであろう。

また、段ノ塚の墳丘下段の台形の斜線は飛鳥板蓋宮《いたぶきのみや》と中尾山古墳方向の軸線と平行としてもよい角度となっている。位置や角度など特異な形態には理由があるものが多い。つまり、段ノ塚は御破裂山に関係し、飛鳥板蓋宮と中尾山古墳に関係している可能性がある。

舒明陵は中尾山古墳から移動させられたのではないか。そして、その時期は敏達の古墳が破壊された時期か、高松塚の築造時期のどちらかであったようにおもえる。

時の政権にとって、敏達の古墳（「鬼の爼・雪隠」）はおそらく目障りなくらい、中心性の強い派手な古墳であったようにかんがえられ、その古墳と耳成山の南北軸を消したいという意思が強かったことである。舒明の古墳は移葬されたが、冬野から押坂陵ではなく、中尾山古墳からではなかったか。そして時期は『日本書紀』の内容と異なっているとかんがえている。

わたしは、舒明は敏達の後の大王とおもう。『隋書』にある六〇〇年と六〇七年に遣隋使を派遣したのは同じ名の男の大王であった、それが敏達であり、理由は後述しているが、舒明は敏達の孫ではなく、子ではないかと想像している。

そして、その敏達が出した国書の内容は仏教を広める努力をしているというものであって、飛鳥寺や若草伽藍や四天王寺という一連の中心性の高い寺院建築を造ったのは「大王である自分」という自覚を感じる内容となっている。

隋の使者が来た時期は『日本書紀』の述べる敏達の皇后・推古ではなく、敏達が大王の時期であった。なぜなら、対中国政策などが共通であるように、直接舒明に引き継がれたとおもっている。

それらの疑問の答については後述するとして、中尾山古墳と段ノ塚の関係について、どうしてそのような推測が可能となるか。その理由を次に示す。

飛鳥板蓋宮をはさむ二つの古墳

段ノ塚と中尾山古墳の軸線図［図・19］のごとく、中尾山から段ノ塚までの線を引くと、前述のように途中に飛鳥板蓋宮といわれる宮殿を通る。また、段ノ塚と板蓋宮との間に聖林寺《せいりん》や定林寺《じょうりん》があり、聖林寺の寺伝によれば藤原鎌足の長子である定慧《じょうえ》が七一二年に多武峰妙楽寺（談山神社）の別院として創建したとある。また、定林寺はあまりわかっていないが、飛鳥時代の寺で塔や

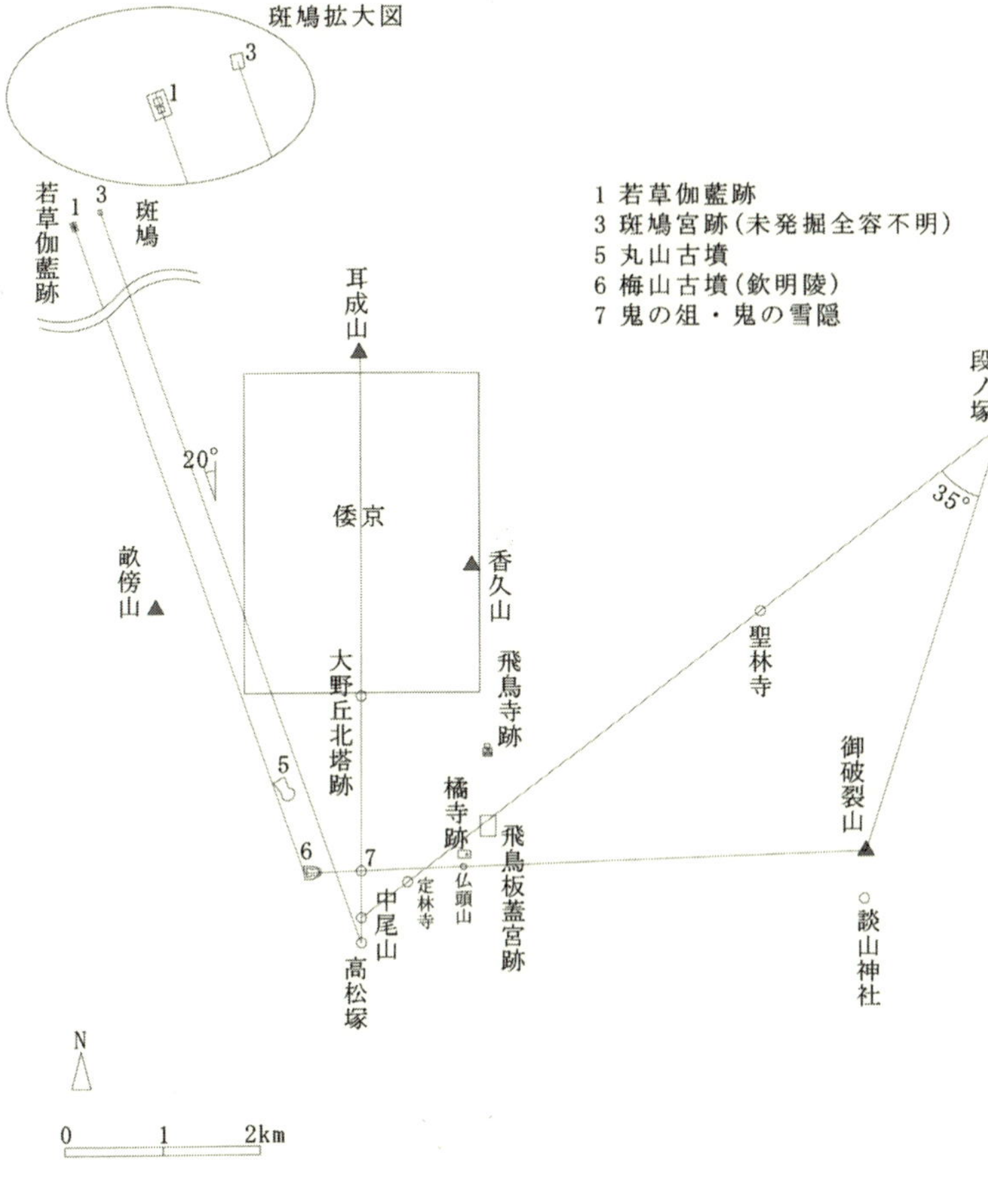

図・19 段ノ塚と中尾山古墳の軸線図

講堂の遺跡が存在している。

その聖林寺や定林寺は梅山古墳―「鬼の俎・雪隠」遺跡―御破裂山の軸線と多武峰妙楽寺の関係にも似ている。それらのもとには藤原一族が関係している寺院があり、なんらかの意味を持たせているとわかる。

伝承によれば、多武峰妙楽寺は藤原鎌足の子（定慧）が創建した寺であったわけで、それらから浮ぶ推測は、古墳の被葬者の鎮魂のために造られているとかんがえるのが自然であろう。御破裂山という名前もいつの頃から呼ばれているかわからないが、爆発した古墳、破壊された古墳につながっている。その真南にある妙楽寺の役目が仏教による鎮魂であったことは確かであろう。

その御破裂山にからむ中尾山古墳―飛鳥板蓋宮―段ノ塚となる軸線は三点を結んでいることになり、中尾山から段ノ塚に移したと知らせているようである。

その軸線は宮殿と古墳をむすんで、高松塚と似ている。高松塚が斑鳩宮と結んでいる意味と同様に、飛鳥板蓋宮に舒明の心が残っていると葬った側が思っているのである。

飛鳥板蓋宮は六五五年に焼失したのではなく、六四五年に焼失したのではないか。そうおもわずにいられない。乙巳の変では蘇我入鹿も父の蝦夷《えみし》も殺害されている。蝦夷は甘樫丘にある自宅で自決し、火災に遭っているように、それと同様のことが、舒明と古人大兄皇子の身に起こったとかんがえてもよい。

むしろ、蘇我入鹿や蝦夷が殺害されるより、現実的におもえる。六五五年に焼けたという証拠はどこにもないのだ。

もう一度、建築にもどろう。

果たして、飛鳥板蓋宮はどのような因縁があるのであろうか。『日本書紀』によれば、蘇我入鹿が暗殺された宮であって、舒明の皇后であった皇極大王（天皇）が六四二年に入鹿の父の蘇我蝦夷に造らせた建物であるとされる。そして、皇極が再び斉明大王（天皇）として即位した六五五年に出火したとある。

飛鳥板蓋宮は焼けたが、火災の時期は前後何十年の間のどこか、遺跡から木簡でも出ない限り確かめようがないであろう。

六七四年板蓋宮の上に飛鳥浄御原宮が造られた。宮殿の名は浄めた建築として、板蓋宮の跡地の上に建てたということである。逆にかんがえれば、浄めなければとても建てられなかった場所ということである。つまり、火災の時期の証拠はないのであって、『日本書紀』の編者もそのように理解しているはずである。

舒明大王の宮殿は六三六年までは岡本宮とされ、その後、舒明が亡くなるまでの五年間、田中宮、厩坂宮、百済宮と転々としている。これも不自然で、飛鳥板蓋宮は舒明が六三〇年頃に造らせた可能性がある。独創的な板の屋根の宮殿は皇極が蘇我蝦夷に造らせたより舒明のほうが自然であり、推古の小墾田宮《おはりだのみや》が、隋の使者が来た時期に造られたように、板蓋宮は唐の使者を迎える為に六三〇年頃に造られたようにおもう。

つまり、乙巳の変でクーデターがあり、飛鳥板蓋宮が焼けた。また、斑鳩宮も焼けた。飛鳥板蓋宮では大王の舒明が、斑鳩宮では皇太子の古人大兄皇子或いは即位したばかりの大王が殺害された。聖徳太子が住んだとされる斑鳩宮は要衝の地で皇太子の宮だったのではないか。そのようであれば、古人大兄皇子の子が斑鳩宮で殺害された可能性もある。

古人大兄皇子は乙巳の変に立ち会っていたと『日本書紀』は書いている。これほどアリバイの確かな話はない。飛鳥板蓋宮の大極殿で事件は起きた。

その場に居たのは、天皇の皇極と皇太子の古人大兄皇子と実力者の入鹿、それに上表文を読む役目を天智から指示された蘇我系の倉山田麻呂臣《くらのやまだのまろのおみ》であった。その上表文を読み終わろうとする時に、数人の刺客と共に切り込んだ天智らによって入鹿は殺害された。藤原鎌足は大極殿の脇で弓矢を持ち備えていたという。

古人大兄皇子はその後三月も経たずに、天皇位を辞退して出家をしたが、天智によって謀反の罪で殺害された。

また、倉山田麻呂臣も事件後に右大臣となったが、天智によって謀反の罪で殺害された。そのように『日本書紀』に書かれている。

古人大兄皇子の話は、皇太子で次期大王になるはずであったが、殺害されたということである。大王になれる立場にない天智が皇太子あるいは即位したばかりの大王を殺害したとするほうが現実的であって、天智の政策の主である百済救援など政治的理由があったのである。

敏達も舒明も中国寄りであったことは、遣隋使や遣唐使を派遣したことからわかる。古人大兄皇子もその路線であったとしたら、クーデターはそのような理由で起きるのであり、その時期、朝鮮半島は唐の侵略によって、風雲急を告げていたのである。

クーデターによって、少なくとも古人大兄皇子と舒明を殺害した。それが乙巳の変であった。その事実を隠すために創造されたのが蘇我一族であり、聖徳太子であった。

そして、敏達の業績も隠さねばならなかった。このようにかんがえた方が現実的であって、法隆寺の軸線が教えてくれている。これらの証明は後述している。

舒明の宮殿

飛鳥の地に宮殿が営まれていた。それの通説から話をしなくてはならない。［図・20］に飛鳥京の発掘調査図を示した。Ⅰ期の上にⅡ期遺構があり、その上に第Ⅲ期の宮殿が建っていることの証明となっているが、それぞれが何という宮殿なのか確実な証拠はない。

ただ、林部均による『発掘された飛鳥の諸宮』にはⅠ期が飛鳥岡本宮、Ⅱ期が飛鳥板蓋宮、Ⅲ期が後飛鳥岡本宮、飛鳥浄御原宮とされることが一般的となっている。

　舒明の宮殿はどこにあったか、を推測しようとおもうが、決定的な証拠は前述の段ノ塚の軸線［図・19］とかんがえているので、ここでは推測しかできない。

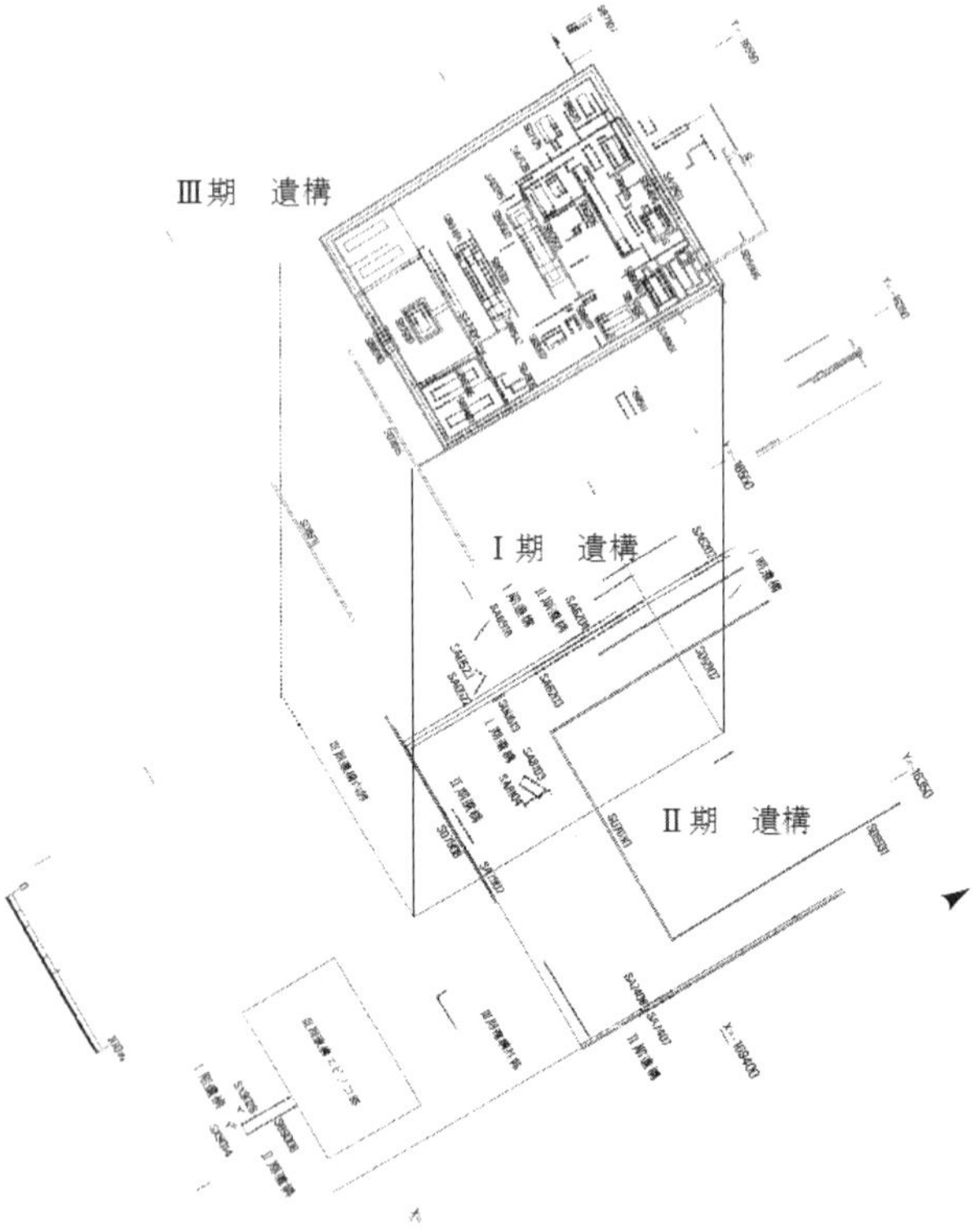

図・20　飛鳥京の遺構
（『発掘された飛鳥の諸宮』の資料を新たに組合わせた）

　『日本書紀』が述べるように（表・7）に敏達から皇極までの在位期間と宮殿をあらわしたが、疑問を感じざるを得ない。

　まず、敏達の時期だが、五八〇年頃に倭京で梅山古墳や飛鳥寺（五八八年完成）を建設し、斑鳩で若草伽藍（五九〇年頃完成）、難波湊で四天王寺（五九三年完成）を建設していたはずである。それなのに敏達の宮殿は飛鳥にはない。

　百済の大井に宮を建てたが、比定地は河内長野とか奈良の広陵町となっている。それでは、現場の指揮もできず、完成度も見られない。その点、敏達の皇后の推古がいた豊浦宮や小墾田宮は倭京の東南にあって、都合がよい。

　確実な証拠ではないが、五八五年に大野丘北塔が建てられた。それは耳成山の南北軸を意識しているわけで、『日本書紀』で北という文字が付いた初めての建築となっている。「北」は蘇我馬子ではなく、大王の意識するものである。

表・7　大王（天皇）の在位期間と宮殿

大王（天皇）	在位期間	宮殿
敏達	五七一〜五八七年	百済の大井（河内長野又広陵町）
用明	五八七〜五八八年	池辺双槻宮（磐余の地、桜井市）
崇峻	五八八〜五九二年	倉梯
推古（敏達の皇后）	五九三〜六二八年	豊浦宮 小墾田宮
舒明	六二九〜六四一年	岡本宮 田中宮 厩坂宮 百済宮
皇極（舒明の皇后）	六四二〜六四五年	小墾田宮 飛鳥板蓋宮

すでに大野丘北塔は敏達が建てたと述べているが、小墾田宮も南北軸を使って建てられているわけで、他の寺院とも共通点があり、とても『日本書紀』の説明に納得できない。

敏達の宮殿は皇后のいる豊浦宮や小墾田宮であった。そのようにかんがえた方が自然であり、合理的な気がする。そして、隋の使者が倭京に来た時期に小墾田宮に遷宮していることから、敏達の宮殿は豊浦宮や小墾田宮とかんがえてもよいのではないか。

それと同じようなことが舒明にも言える。つまり、皇后の方が都合のよい場所にいて、合理的である。舒明は、最初は岡本宮であって飛鳥だが、他は田中宮、厩坂宮、百済宮と飛鳥周辺を転々としている。これでは、大王とはいえないだろう。

舒明の皇后の皇極は舒明の死亡時に小墾田宮から飛鳥板蓋宮（六四二年）に遷るわけで、より大きな宮殿に遷宮している。これも不自然な話で、舒明を飛鳥板蓋宮から遠ざけていることに尽きる。つまり、理由もなく建築が造られることはなく、唐の使者を迎える為に舒明が六三〇年頃板蓋宮を建てたとする方が自然である。

本来なら、飛鳥板蓋宮を建てたのは舒明であったが、乙巳の変のクーデターを隠すためには、皇極を大王位に据えて、蘇我一族と聖徳太子を創造して、事実を隠ぺいしたのである。

『日本書紀』の乙巳の変のあった六四五年に「この年、（中略）板蓋宮が廃墟となる兆しがある」とした文が挿入されていることからして、この年に板蓋宮が焼けた可能性は否定できない。

事実の隠ぺいは、敏達から始めなくてはならなかった。本来の宮殿を皇后に移し変えたのだ。それらは、軸線「図・19」が証明している。舒明は最初に中尾山に葬られたが、耳成山の南北軸に置くことが問題となった。そこで、移葬先は中尾山から飛鳥板蓋宮を通って、押坂陵に決定された。

このような説明以外に、段ノ塚がなぜあのような位置に存在し、あのような形態となっているか。他に説明できるのであろうか。

段ノ塚には壁画があるかも知れない。中尾山古墳の石槨の内側に水銀朱を施してあったことも、気になる話となっている。朱は高松塚の被葬者の骨にも塗られていた。

第四章　夢殿・斑鳩宮―耳成山南北軸上の高松塚

怨霊の塚

新しい発見は、高松塚が耳成山の南北軸線上にあり、なおかつ、夢殿や斑鳩宮から延びる二〇度の傾きをもつ軸線の交点に存在することである。

高松塚は一九七二年に発掘された。農家の人が野菜の貯蔵穴を掘ったところ、石に当たったことで調査されて発見された。石室の華麗な壁画には日本中が驚嘆したが、未だに被葬者が特定されない。

この耳成山の南北軸も前述したように縄文時代からの習慣で象徴的な山などの方向に頭をむけて葬るようになっているのだとおもう。耳成山はまさにそのような山である。

そして、斑鳩宮からの二〇度の傾きの軸線と耳成山の南北軸線の交点に高松塚があって、そこにしかない「点」となっている。

また、斑鳩宮も発掘によって、真北に対して一五度の傾きをもっていたことがわかっている。ただ、斑鳩宮の全体像は不明であって、斑鳩宮のどこから軸線が出ているか、今後の発掘を待つしかない。そして現在では夢殿が軸線の到達点となっている。

今回の一番の発見は夢殿につながっていたことであろう。それは、はっきりと高松塚が葬った人物にとって、「怨霊の塚」であることを証明するものである。

そのことは梅原猛によって『黄泉の王―私見・高松塚』で述べられているもので、おなじく『隠された十字架―法隆寺論』で「怨霊の寺」とした法隆寺西院伽藍もその論理のごとくであった。

高松塚の造成年代の推定に関して、軸線を設定した時期は若草伽藍の焼失した六七〇年の後に設定されたとかんがえられる。

なぜなら、若草伽藍が建っているなら「奥への見えない軸線」でなく、目に見える梅山古墳と若草伽藍の軸線に同じとなるからである。

つまり、誰もが気付く軸線ではなく、ある特別の思考方法でしか見えない軸線ということで、一三〇〇年のあいだ、誰もわからなかったことで証明される。高松塚の築造は六七〇年以後のことである。

ただ、築造が六七〇年以降としても、被葬者は六四三年の斑鳩宮焼失あるいは六四五年乙巳の変に絡んだ人物の可能性が高く、六七〇年以前に亡くなった人物であることは否定できない。

なぜなら、葬られた人骨に朱が施されていた痕跡（『高松塚壁画古墳』）があって、再葬されていたとおもわれるからである。そのことによって、六九〇年頃に亡くなった人物の可能性を否定している。

また、高松塚が「怨霊の塚」であるなら、葬った側の一族がその想いを引き継がねばならない。その想いは何十年経とうが変わらない、怨霊に対するその時代の恐れである。

わたしは怨霊を研究しているわけではないが、軸線で結ぶ意味は、舒明の段ノ塚と同じように、「こころ」がそこに残っていると、葬る側が思っていることであって、その処置に愛情を感じるのである。その行為を行うのは近親者であって、それは被葬者に対する鎮魂の行為である。

だが、夢殿は違うのではないか。明らかに怨霊として扱っているようにおもう。

斑鳩宮と高松塚との関係

斑鳩宮は聖徳太子が六〇一年に建て、六〇五年に移り住んだとされている。また、聖徳太子の子である山背大兄皇子が六四三年に蘇我入鹿に斑鳩宮で襲撃され、若草伽藍で自決している。そのときに斑鳩宮は焼失したとされている。

その後の斑鳩の様子は知れないが、七一〇年に都が平城京に遷ってのちの七三九年に斑鳩宮跡地

法隆寺東院伽藍夢殿

に法隆寺東院夢殿が建てられる。

つまり、斑鳩宮の焼失が六四三年であり、六七〇年に若草伽藍が焼失したのちに、時期はわからないが西院伽藍が再建され、その後の七三九年に夢殿が建てられた。その一〇〇年ほどを隔てた同一の場所と高松塚が関連していることを示している。

これらのことから、高松塚の被葬者は六四三年の事件に関連している可能性がある。また、同じ二〇度の傾きより、若草伽藍を造った人物と高松塚の被葬者が関連していることも理解できる。そうであれば、聖徳太子が若草伽藍を造り、高松塚が山背大兄皇子となる。

それならば、聖徳太子が若草伽藍を造ったとなぜ『日本書紀』は書かないのであろうか。聖徳太子ではないことの証明が二〇度の傾きであるとおもう。

前述した欽明陵（梅山古墳）と若草伽藍の関係から、若草伽藍を造ったと推測される敏達大王（天皇）とも書けない理由があるということである。

たしかに、山背大兄皇子は怨霊となる資格はあるが、怨霊の祟りを恐れなければならない蘇我一族は滅亡した。その高松塚を持統天皇や藤原一族がなぜに恐れるのだろうか。『隠された十字架』が示すように、山背大兄皇子を天智天皇や藤原鎌足が殺害したというなら話はわかる。だが、そのようなことにはなっていない。

すべての疑問が「法隆寺コード」なのだが、この問題を解く鍵は、若草伽藍を造った人物が誰かということがキーポイントとわかる。その人物は高松塚の被葬者と血縁関係があることがほぼ確実であり、『日本書紀』が語れない理由である。

また、西院伽藍はいつ再建されたか、再建された理由はなにか。そして、夢殿はなぜに建てられたか。それが問題である。

法隆寺西院伽藍の再建年代は不明だが、若草伽藍の焼失が六七〇年として、天武と持統の子である草壁皇子が死んだ六八九年前後のことでなかったかとおもう。

それは持統女帝の「こころ」が西院伽藍や高松塚を造らせたとおもうからなのだが。六八六年に夫の天武が死んだ。そして、三年後に息子が死んだ。それらのことは、持統が怨霊の祟りと思ったとかんがえている。

持統女帝が生んだ唯一の男子である草壁皇子には、のちの文武天皇という持統の孫がいた。怨霊から孫を守ろうと考えても不思議はない。

そのような理由で、怨霊を鎮魂する寺を秘かに再建したのではないか。そこで、焼失した若草伽藍が選ばれた。「こころ」が建造物を造らせるのである。

なぜに若草伽藍かということだが、若草伽藍を建てた人物（敏達）への鎮魂ということである。したがって、若草伽藍の西側の境界線を利用し、そこに中門の中心の柱を置いた。その柱を西院伽藍の出発点としたのである。中門の中心の柱は怨霊を封じる意味であった。

それらのことは部外者には何の意味はないが、怨霊の祟りと思い込んだ持統にとっては、重要だったのである。

前述した中門の中心軸と伽藍全体の中心軸の関係が耳成山の南北軸と藤原宮の南北軸との関係に似ていることや、全体に陰気な感じのデザインなどは、怨霊をそこに安住させるために意図されているのである。

そのために鎮魂の寺、法隆寺西院伽藍が建てられた。その時期は六八九年頃ということになる。

再建年代は、『年輪年代法による法隆寺西院伽藍の年代調査』（光谷拓実・大河内隆之著）などを読むと、使われている木材の年輪から六七〇年以前ということはなく、焼失してからそれほど時間をおかずに再建されているようだ。

事実、六八九年前後に法隆寺西院伽藍のうち、金堂がその頃に突貫工事で再建されているようなのだ。『日本書紀』には再建の事実が全く書かれていないので、解体修理の記録からそのように感じるわけだが、草壁皇子の死の前後で、なにかしら、怨霊に対して鎮魂を試みている可能性は否定できない。

呪術的な行為として建造物の例では、中国の「明」が「元」を滅ぼした話だが、元朝の宮殿の上に土をかぶせて、景山《けいざん》を築き、その南側に明の皇帝が紫禁城《しきんじょう》を造ったことは有名である。

また、日本が朝鮮半島を領有していた時代に、ソウルにある景福宮の正面入口にあった光化門を移動して、朝鮮総督府を建てたことも有名である。

それらは「気の流れを封ずる」目的といわれ、呪術的なものであるが、まじめに行われていたのである。もちろん、「明」も日本も敗戦によって滅び、効果はなかったが、被支配者にとっては屈辱的な行為であった。長年の願いもあって、光化門は二〇一〇年に再建された。

これらのことは、建築が純粋に経済活動や理論と科学的な理由だけで出来ているものではなく、それ以上に人間の感情と意思によって造られていることを示すものである。

したがって、西院伽藍が草壁皇子の死の前後に建てられたとしても、なんの不思議もない。逆に、何の理由もなく建物が造られるわけがないのであって、それらが何故に造られたのか、そのことが大切なのである。

小墾田宮や飛鳥板蓋宮が建てられた理由も『日本書紀』に書かれていないが、前述するように、隋や唐の使者を迎える為に建てられた可能性が高く、敏達や舒明の宮殿であったが、彼らが目立ちすぎることを嫌ったゆえに書けなかったのである。

夢殿と高松塚の関係

夢殿が七三九年に造られた原因は、七三七年に藤原氏の中心人物がつぎつぎと死んだことによって、高松塚の影響を恐れたことであった。そのことが軸線の発見によって明白となった。藤原不比等の長男武智麻呂《むちまろ》、二男房前《ふささき》、三男宇合《うまかい》、四男麻呂らが死んだことによって、藤原氏側が怨霊の祟りと思い七三九年に夢殿を建て、秘仏「救世観音像」をつくって、怨霊封じとしたのであった。

秘仏の救世観音像は、その光背が仏像の頭におおきな釘でとめられて、「蘇《よみがえ》りをふせぐ」目的の「呪《のろ》い」がかけられている仏像であった。つまり、怨霊の祟りを恐れた藤原家の法隆寺への膨大な寄進によって、建築物を造り、仏像をつくって、怨霊の蘇りを防いだのである。

『隠された十字架—法隆寺論』によれば、「夢殿は怪僧・行信の造った聖徳太子の墓である」ことだが、「聖徳太子の墓」はともかく、この行信が高松塚の軸線を知っていて、藤原不比等の娘の光《こう》明《みょう》皇后に進言した可能性があり、夫である聖《しょう》武《む》天皇に伝わったのであろう。

救世観音光背の釘（部分）

「救世観音像」

それらは、七三八年に鵤寺《いかるが》（西院伽藍）に食封二〇〇戸が政府によって施入されている（『続日本紀』）ところから想像される。

この行信という僧の像が夢殿におかれている。わたしは写真やテレビ映像でしか見たことはないが、とても徳のある高僧にはみえない。梅原も怪僧としていることから、同様な感想ということである。

それだけ、当時の仏像を造る技術が写実的で素晴らしいということである。そうであるなら、同じ夢殿にある救世観音像は葬られた人物の等身大のものという言い伝えがあるそうで、高松塚の被葬者の生前の像ということになる。確かに、救世観音像は他の仏像とは違う表情をしているように見える。

夢殿の建築物は八角堂という、天皇の古墳の八角形に似せた堂の中に、秘仏「救世観音像」を白《はく》日《じつ》のもとに晒《さら》すなという掟《おきて》のもとに、閉じ込めたのである。それはあきらかに高松塚から延びる軸線を意識して、それを受け止める位置にある。

つまり、高松塚の被葬者は藤原氏にとっての怨霊であり、夢殿もまた、その怨霊を封じ込めた堂である。また、その被葬者は大王（天皇）ということになる。高松塚の埋葬品に天皇のあかしである三種の神器の玉、鏡、剣があったことがそれを裏づける。

高松塚の軸線は斑鳩宮および夢殿との関係があったことを示していた。そして若草伽藍を造った人物と高松塚の被葬者は一族であった。

行信

それは梅原猛による『隠された十字架』で「法隆寺は怨霊に対する鎮魂の寺」としたことが、軸線の発見によって証明されたことになる。梅原は哲学者として、その根源を示したのである。『隠された十字架』がなければ、今回の発見はなかったであろう。

ここにきてやっと、高松塚の築造者は誰であったかの疑問に答える準備ができた。それは後述するが、夢殿や救世観音像の有様をみると、藤原一族ではないことだけは確かなようだ。

第五章　キトラ古墳の被葬者

キトラ古墳―檜隅寺―南大門の大石（鯛石）の軸線

キトラ古墳は一九八三年に壁画の存在が確認された。軸線図［図・3］のごとく、その古墳から倭漢《やまとあや》（東漢）氏の氏寺で、今は存在しない檜隅寺門前跡を通って、法隆寺西院伽藍の南大門の謎の大石「鯛石」にいたる二〇度の軸線は、明らかにキトラ古墳の被葬者を示していると共に、大きな謎を提供している。

その檜隅寺の門前跡を通る軸線から、被葬者は檜隅寺に関係した人物であり、七世紀の中盤を生きた倭漢氏の首長であると考えられる。仏教寺院と結ばれた古墳は明らかに死後の安寧を祈っている。

古墳の位置は西院伽藍の南大門と檜隅寺の門前跡を通る軸線を延長した先で、耳成山の南北軸線に近づかない場所に設定された。古墳の造成時期は、明らかに、西院伽藍と檜隅寺が建立された後ということになる。

前述したように、円墳の大きさに比較して、その下段の造成工事量がはるかに多い。より造成に安易な場所はどこにでもあるはずで、工事量が多くても造成した理由は、その場所でなくてはならないことである。

その事実は二〇度の軸線によって、位置がしぼられ、他に場所がなかったということであり、工事量が多くても場所を優先したのである。

そして、その被葬者は六七〇年に若草伽藍が焼失した後に亡くなった人物であることは確かであって、『日本書紀』の六八六年檜隅寺に食封一〇〇戸を三〇年にかぎり賜るとあり、その頃には寺が存在していたわけで、キトラ古墳はその前後に造られた可能性が高い。

被葬者は古墳の位置を葬る側にまかせず、みずからの墓を設定したのではないか。斑鳩宮に関係する高松塚の存在を知っていたからこそ、その二〇度の軸線をみずからの墓に用いたのである。

南大門と鯛石

被葬者は壬申の乱（六七二年）で天武側について戦った「倭漢坂上直老《やまとあやのさかのえのあたいおきな》」に比定される。壬申の乱では、天武の子・高市皇子《たけちのみこ》の軍に参加している坂上直国麻呂《さかのうえのあたいくにまろ》や当初天智側についていたが、寝返った坂上直熊毛《さかのうえのあたいくまけ》も候補になるが、やはり、最初から天武の主力軍についた坂上直老のほうが坂上直一族では優位に立ったであろう。

被葬者の特定において、壁画の青龍の首にある×印の模様を重要視する人もいるが、そのような壁画や彫刻以上に場所や古墳の形態に意味があるとする方が自然であって、考古学や歴史学において、それが重要視されないことには疑問を抱く。

青龍の×印の模様は高松塚と共通だが、天武と持統が建てた薬師寺にある青龍の彫刻にも×印があって、同じ青龍のイメージをモチーフにしているとおもわれる。ただそれらは中国にも先例があって、日本独特のものではなく、その事実で特定されるものではない。

結果として、わたしには、二〇度の軸線が檜隅寺の門前を通って西院伽藍南大門の大石（鯛石）にいたるのを知れば、おのずとキトラの被葬者が慕った大王の墓前に膝まずく心境と読める。法隆寺西院伽藍に眠る「隠された大王」敏達の好物が「鯛」であったかも知れない。

また、坂上直一族が欽明陵の域外《めぐり》にずば抜けて高い柱を立てたように、建築工事に優れていたことであり、西院伽藍の建設を請け負っていた可能性もある。

そうであれば、南大門の中央に埋まる謎の「鯛石」の理由もわかるのではないか。おそらく、門の建造より先に石を設置したのであって、「鯛石」が法隆寺を守っているとの言い伝えがあると聞く。

その石には、倭漢氏が「隠された大王」と共に、古代の草創期の王朝を支えてきた自負のようなものが現れているとおもわれる。

全くの想像だが、「隠された大王」の敏達と倭漢坂上直老は血縁関係にあるのではないかとおもう。つまり親子のような、その軸線にはなにか、あたたかい愛情のようなものを感じるのである。

そのようにかんがえれば、なんの矛盾も生じないのだが。以上の推定について、次に証明する。

倭漢氏の歴史

檜隅寺は渡来系の倭漢氏一族の氏寺とされ、寺の周辺は彼らの工房が集積し、居住区の遺跡がみられる。

問題となる檜隅寺は小さな寺院を再建して造られ、川原寺と同じ時期で七世紀後半とかんがえられている。伽藍配置は独特で他に例をしらない。

檜隅寺周辺の発掘資料図［図・21］において、わたしは倭漢坂上直一族の居住区と推定するのだが、そのなかで檜隅寺西側の門を入ると中央に塔を見る配置で、塔を中心としているが、四天王寺形式ではなく、一見すると川原寺などの伽藍配置にみせている。

その伽藍の中心軸は真北に対して二三度となっている。その角度になっている理由は斜面地に建っているせいのようにみえる。だがこの配置でも、廻廊の東北部分が等高線に納まっていないことによって、この部分は補強工事が必要であったはずで、二〇度とするのは無理がある。

つまり、この場所なら二三度の配置がギリギリの角度となっているわけで、二三度とする必要があったのではないか。

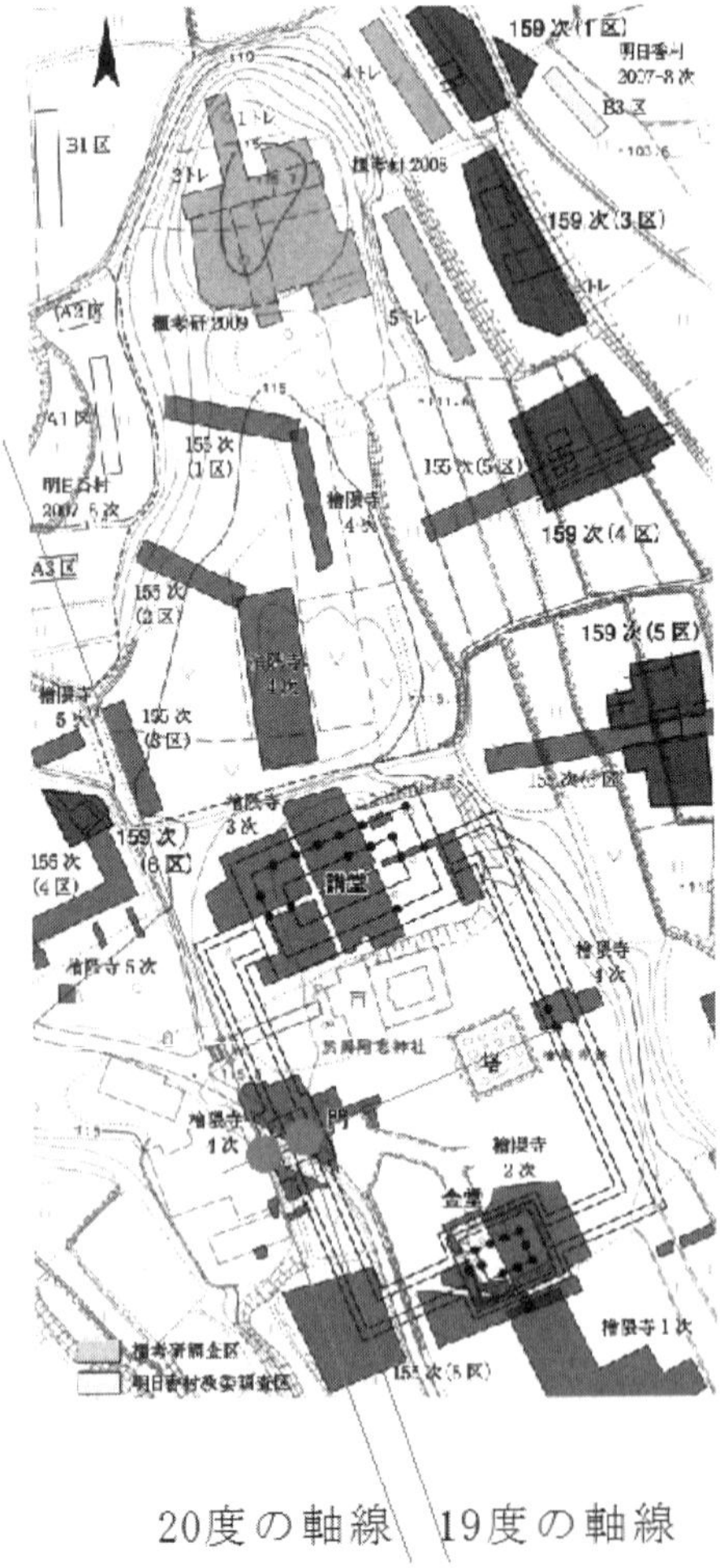

図・21　檜隈寺周辺発掘調査資料（明日香村）に20度の軸線を加えた

この檜隅寺の二三度は他にも使われている。斑鳩の藤ノ木《ふじのき》古墳は高松塚と二三度で結ばれ、また、夢殿（斑鳩宮）と水平に対して二〇度で結ばれている。夢殿と藤ノ木古墳の延長線上に御坊山古墳群がある。

これらも偶然とするにはあまりにも意味ありげであるが、この話は他に譲らざるをえない。

倭漢氏の歴史について、調査によれば、雄略紀にまでさかのぼる。四六三年新来才伎《いまきのてひと》と呼んだ渡来した工人たちを東漢直《やまとあやのあたい》掬《つか》に命じて、飛鳥にて管理したとあり、その後四七二年に倭漢氏は「直」姓を賜った。それらを裏づける韓式土器が飛鳥周辺で発掘されている。

倭漢氏は「須恵器、馬具、画、錦の製作や通訳等に優れた技術・才能を持つ新来の人々」を指揮下に入れ、「陶部・鞍部・画部・錦部・金作・甲作・鞆作・弓削・矢作など多くの漢部を直接指揮、監督する任務に当る。』（木下正史「飛鳥の渡来人と桧隅寺」）とあるように、新しい文明を日本にもたらした人びとであった。

倭漢（東漢）氏について『大和の豪族と渡来人』（加藤謙吉著）に次のようにある。

東漢氏とは単一の氏族名ではなく、文《ふみ》氏（書氏・東氏）・民《みたみ》氏・坂上《さかのうえ》氏・谷氏・内蔵《くら》氏・長《なが》氏など多くの枝氏（支族）によって構成される集合体を表す総称であり、枝氏の数は資料的に確認できるものだけでも、七世紀末までに一八氏を数える。

東漢氏は大和政権の軍事・財政分野で手腕を発揮し、頭角をあらわすが、さらにこの氏の下には、今来才伎をはじめとして、しだいに多種多様な渡来系の技術者・有識者集団が所属するようになる。

東漢氏は、漢人《あやひと》（渡来系の人々を表す称号）と呼ばれたこれらトモの集団を率いて王権に奉仕し、漢人が分掌する大和政権の生産組織や行政組織の運営に影響力を及ぼし、中央政界に隠然たる勢力を保持するに至るのである。

そのなかでも、「坂上氏は奈良中期以降、東漢氏の宗家的地位を占めた一族」（同）であり、『新《しん》撰姓氏録《せんしょうじろく》』という平安時代（八一五年）に成立した古代氏族名鑑のなかに『坂上系図』が存在するほどの実力を備えた一族であった。それゆえに、彼らの本拠地（桧前の坂上）にある檜隅寺を建立した一族として、キトラの被葬者にふさわしい。

念のため檜隅寺の門前跡地とキトラ古墳中心部の方位角を計算してみた。（表・8）結果として二〇度の角度の軸線が通っていることがわかる。

表・8　キトラ古墳と檜隅寺門前跡地の方位角計算表

場所	緯度（北緯）	経度（東経）	方位角	軸線角度
檜隅寺門前跡地	三四・四五六六二一	一三五・八〇二九三八	三四〇・三三一五三	一九・六七四七（三六〇度―方位角）
キトラ古墳（中心部）	三四・四五一二五	一三五・八〇五二七八		

したがって、西院伽藍の南大門鯛石と檜隅寺の門前を通る二〇度の軸線と檜隅寺の門に向けた一九度の軸線の交点にキトラ古墳が位置しているということになる。

キトラ古墳の場所は、檜隅寺と彼らの居住区である檜前《ひのくま》の周辺一帯を見渡すことの可能な高台にある。また、そこから法隆寺のある斑鳩を望むことができる位置にある。そのことこそ、キトラの被葬者がみずから望んだことであった。

キトラ古墳の被葬者

キトラ古墳の被葬者の生きた年代を考えてみよう。『日本書紀』によれば、推古天皇の時期六二〇年に桧隅陵（梅山古墳）の域外に土を積み上げて土山を造り、その上に各氏《うじ》に柱を建てさせた。その時に、ずば抜けて高い柱をたてたのが倭漢坂上直であった。柱を立てるには、木を伐り出して運び、土山の上へ引き上げて、穴を掘って立てなければならない。

これは倭漢氏のなかでも坂上直一族が周辺豪族のなかでも経済力と建築技術が高かった証拠である。この行事は官費ではなく、各氏族の競争であったはずで、『坂上系図』の存在と共に、そのように判断するところである。

また、倭漢坂上直というのは一族の名であって、そのなかの人物がキトラの被葬者となる。その個人名を推定するには、古墳の築造年代をかんがえなければならない。

判断材料として、画家や石工集団が同じとされる高松塚の八九〇年頃という推定や南大門の鯛石との関係から西院伽藍の再建年などが参考になる。

法隆寺西院伽藍の再建年代は若草伽藍の焼失が六七〇年として、天武と持統の子である草壁皇子が死んだ六八九年前後のことでなかったかとおもう。

西院伽藍が六八九年前後に完成したとして、キトラ古墳の被葬者の遺骨から熟年男性（四五～六四歳）と推定されているところから、六七二年の壬申の乱で、天武の主力軍に加わって参戦している坂上直老が『日本書紀』に出ている。この人物なら時期的に可能性があり、『坂上系図』にも名がある。結果として被葬者は倭漢坂上直老に比定される。仏教寺院と古墳が結びつくことによって、個人（被葬者）が特定される。明らかに死後の安寧を願って古墳が築造されていることが決定的な理由である。

つまり、軸線の到達点が西院伽藍であった事実から、キトラ古墳の被葬者は西院伽藍の再建を知っていた人物に限られ、かつ、高松塚が造成されたことも知っていたとするほうが自然である。

キトラ古墳は、高松塚より後に築造されている可能性が高いとおもう。考古学者の来村多加史による『高松塚とキトラ―古墳壁画の謎』に、「両者は画家（集団）も石工も共通性がある」とされ、キトラ古墳は、高松塚が築造されてのち、それほど遠くない時期に造られたとかんがえてよい。

また、画家や石工の集団が倭漢氏に属していた可能性も高い。キトラも高松塚も目と鼻の先であって、倭漢坂上直一族のテリトリーの範囲であり、高松塚のことなどすべてを承知していたはずである。

キトラの石室の天井は家型であり、天文図や四神にしても中国の墳墓に壁画があることから、通常の渡来人の墳墓としてよい。

壁画に描かれた玄武、青龍、朱雀、白虎といった四神は高松塚に比較して、ほぼ構図は同じだが、躍動感に富み、キトラ古墳の被葬者の人生を象徴しているようにみえる。四神に関して高松塚とは様相が異なる。

わたしはキトラ古墳の被葬者である「倭漢坂上直老」の心情が乙巳の変や壬申の乱を生き抜いてきた躍動感にみちた四神の壁画に表れているとおもう。

また、四神の壁画はその時期の中国大陸ではよくみられ、石室の天井に描かれた天文図もよくあることのようだが、倭国にはその習慣がなかった。

したがって、高松塚は異常とされるが、キトラ古墳は渡来系の倭漢氏であって、壁画の存在はむしろ当然のことで、倭国で生き抜いてきた誇り高い意志を感じるものである。また、キトラ古墳はまさに坂の上にあって、法隆寺が望める位置である。

キトラ古墳の被葬者が倭漢氏である場合の矛盾

キトラ古墳の被葬者が倭漢氏の首長だとして、二〇度の軸線が法隆寺西院伽藍に到達している事実はどう説明しても矛盾となる。

なぜに二〇度の傾きが倭漢氏に用いられているのだろうか。その事実は『日本書紀』の内容に反するものである。その事実を認めるとするならば、ここで重大な疑念がわいてくる。

つまり、梅原猛の『隠された十字架―法隆寺論』では「法隆寺は聖徳太子一族の鎮魂の寺」とされているからであって、倭漢氏は聖徳太子一族のために働いたことはなく、むしろ蘇我一族のために行動していることは明らかである。

五九二年蘇我馬子は東漢直駒《やまとあやのあたりこま》を使って崇峻を殺害させ、乙巳の変では蘇我蝦夷の家を守っていたのは渡来系の漢直《あやのあたい》一族であった。『日本書紀』を読めば誰でもがそのように理解しているはずである。しかし、キトラ古墳の被葬者は倭漢氏の首長だとしてまちがいないとおもう。

その倭漢氏がどうして聖徳太子と関係があるのだろう。怨霊の封じ込めに協力しているのだろうか。二三度としたみずからの氏寺や鯛石を見れば、そのような事をするとはおもえない。

「隠された大王」敏達は土木・建築にすぐれた業績を残している。おそらく「倭京」を造ったとおもえる。そして、倭漢坂上直が欽明陵で一番高い柱を建てたように、倭漢坂上直氏は土木・建築にすぐれ、その大王のために働いたのである。

その首長の墓が聖徳太子と関係しているはずはなく、その首長が鯛石に「こころ」を込めて、死後も西院伽藍に眠る敏達とのつながりを求めたようにみえる。キトラの軸線がそのように語っている。

そのようであれば、敏達にとって聖徳太子と蘇我馬子は傀儡であって、彼らが合体した人物が敏達であるとかんがえるしか方法はない。「蘇我聖徳」という呪文のように、「隠された大王」の破壊された古墳の事実からすれば、そのようにしかおもえない。

［図・3］に示すごとく、「鬼の遺跡」と法輪寺が二〇度で結ばれている事実から、欽明大王の後を敏達が継いだことは確実で、その「鬼の遺跡」は破壊されねばならなかった。

わたしは、以上のような事実と『聖徳太子の真実』（大山誠一編）による「聖徳太子の実在性を示す史料は皆無であった」などをあわせて、聖徳太子の存在も希薄な現状では蘇我氏の存在もあやしいと睨《にら》んでいる。

第六章　高松塚の被葬者

新発見の軸線が示す矛盾点

軸線から『隠された十字架』に対する疑問が浮かび上がる。

法隆寺にまつわる軸線の発見によって『隠された十字架—法隆寺論』における梅原猛の主張、法隆寺西院伽藍は怨霊封じのための鎮魂の寺であることは証明された。ただ、わたしは軸線の事実から、その怨霊が聖徳太子であるとおもわない。

しかし、歴史家や考古学者のあいだでは、怨霊封じのための鎮魂の寺などという論理は通用しないようなのだ。おそらく非科学的ということだろうが、古代の話をしているわけで、現代を生きる人間の論理でわりきれるわけでもない。

それが、軸線の発見によって、怨霊の影響を心配した人間の心理があったことを証明できた。建造物には人間の意思や感情が込められているのだ。古墳もまた、その場所や方角や形態は人間の心理に影響されて決定されている。そのようにかんがえないと、軸線の意味を説明できない。

それらは、建築家にとって当たり前のことだが、歴史家や考古学者には研究の対象では無いようだ。それでは、文字のない日本の古墳の被葬者は特定できなくて当然のことである。

明らかに高松塚と斑鳩宮や夢殿を結ぶ二〇度の軸線は、死者と繋がっている。そして夢殿には、決して蘇らないように処置された救世観音像が秘仏としてあった。

そして前後の事象もかんがえれば、怨霊の影響を心配した人間によって、西院伽藍や高松塚も夢殿も救世観音像もつくられたのである。

それが、軸線によって、目に見えない線で物理的に繋がっていたのである。目に見えない線を物理的に線で描くことによって、怨霊の影響を証明したということである。前述しているが、日本列島に独特な「奥への見えない軸線」となっている。

そのようなことだが、梅原がどのような論理をもって、「聖徳太子の怨霊を鎮魂する寺」と断定したのか。もういちど辿っておく必要がある。

それは現存する法隆寺西院伽藍にまつわる七不思議などの謎である。なぜなら、『日本書紀』に若草伽藍も西院伽藍も誰が何のために建てたのか。一言も言及されていないからである。

前述のように、書けなかったのであるが、そのことによって、謎が謎をよんで現存する法隆寺が再建であるか非再建であるかという論争が起き、法隆寺の七不思議のような言い伝えが残っているのである。

そしていま尚《なお》、法隆寺は欽明陵とされる梅山古墳や高松塚やキトラ古墳とも関係があった。さらに、倭京など都市とも関係があったとかんがえられる。なんという複雑な因縁をもった寺なのか。それが「法隆寺コード」とする由縁である。

今回新たに、わたしの発見によって、高松塚とキトラ古墳、梅山古墳が法隆寺に関係することがわかった。それは古代の都市と法隆寺が密接につながっていることが証明されたということである。そうでないとするなら、高松塚やキトラ古墳や段ノ塚など、なぜそこに位置しているのか、説明できるのであろうか。

また、若草伽藍がなぜ二〇度の傾きをもって建立されたのか。梅山古墳がなぜその場所にあり、東西軸となった形態なのか。鬼の俎・雪隠遺跡は、なぜ破壊されねばならなかったのか。以上をどのように説明するつもりなのか。聞かせてほしい。

それでは「法隆寺コード」の事実はどのようなことであったか。また、『隠された十字架』にはいくつかの疑問がある。それには、次の項目について考察する必要があるだろう。
○怨霊は誰か。また、誰がその怨霊を恐れたか。
日本では、怨霊となるには、条件があるようだ。敏達、崇峻、舒明、古人大兄皇子、聖徳太子、山背大兄皇子に資格があるだろう。その他、悪人は怨霊になれないようだが、乙巳の変で殺害された蘇我蝦夷、入鹿なども含めるとする。

また、怨霊を恐れた人物は誰か。それには、天智、その子の持統、藤原鎌足、その子の不比等など彼らの一族で、他に聖徳太子の子を殺害した蘇我蝦夷や入鹿などがいるのであろう。
○誰が高松塚の位置を決定したのか
高松塚の位置は前述のように、かなり特殊な位置となっている。被葬者みずからが決定したのであれば、石槨の形態を家形としたであろう。平らな閉塞感のあるものとしないとおもう。

明らかに、葬る側が希望した位置であり、形態であることは疑いのないところである。それならば、誰がその位置を決定したのか。それを問わねばならない。
○蘇我氏と聖徳太子の実在性
聖徳太子の実在性の否定は他の研究によって、ほぼ証明されている。だが、蘇我氏に関しては実在性を疑う人はいない。わたしは前述のように、蘇我聖徳はセットであって、ともに創作された人物であるとおもう。それを改めて証明しなければならない。
○乙巳の変の真実はなにか
前述しているが、以上の結果として、乙巳の変の真実が想像される。

怨霊は誰か、また、誰がその怨霊を恐れたか

日本の宗教的「風土」

「呪術が、近代科学の上から見て、すべて非合理なものであることをまず記しておきたい。現代にあって、十分な科学知識のない者が、呪術や占術《せんじゅつ》に頼るのである。」（『すぐわかる日本の呪術の歴史』武光誠監修）

わたしも怨霊というものを信じていないが、怨霊はそのように思える人によって、つくられるのであろう。

怨霊とはなにかということだが、「国家体制が整うにつれ、朝廷の裏面において政争は激しさを増した。政争に敗れ不幸な死を遂げた貴人は怨霊と化すと考えられ」ていた。（『すぐわかる日本の呪術の歴史』）

そのようなことで、天神様で知られる菅原道真のような例を想像するが、道真は怨霊となって、火を吐き、落雷を起こして死者をだしたという。そのために祀り、鎮めた結果として、神となったのである。

そのようなことが、飛鳥時代からあった。それは日本列島人が縄文時代からもっていた素質では

なかったかとおもう。

宗教学者の山折哲雄は次のように述べる。「タタリははじめ、カミがこの地上にあらわれることを意味した。たとえばそれは樹木や岩や石に痕跡をのこして、素早く世界の背後に退く。」「空を裂く雷の光、急激に襲ってくる驟雨《しゅうう》、なども同類の現象とされた。それがカミ発現の予兆なのであった。」

その「タタリが祟りへと姿をかえていく。」ことになるのだが、「その変容プロセスには大陸から入ってきた仏教の風が吹きつけていたのではないかと思う。」（『日本文明とは何か』）つまり、仏教の「外圧」を受けて「古代神道的タタリが、ニューモードとしての祟りの現象の衣」をまとった怨霊となったと言える。

日本の宗教的「風土」は他国と異なっている。『隠された十字架』の論理は「怨霊」の存在をいかに認めさせるかというものであったとおもう。「怨霊」を信じない人たちも多いようにおもうが、古代では違ったということである。

科学のない時代に生きた人びとが、なにを頼りに生きたのであろうか。そのことに思いをはせることも、想像力の問題であるが、現代を生きる我々が歴史を扱う場合に、心しなければならない課題であるとおもう。

正月になれば初詣をして、「おみくじ」を買ったりする。神社でお札を求め、受験や出産などのお守りをいただく慣習は、明らかに神道という宗教的儀式である。

そのようなことを一度もしたことがないという人はいないのではないか。本人はしなくても周りがしてしまうのが、この日本列島に生きる人びとの慣習になっているのである。そのような「風土」に住んでいるといえる。

他国に比較して、キリスト教徒やイスラム教徒の数が少ないことは、それだけ神道という宗教的慣習が身についてしまっているようにおもえる。

キリスト教やイスラム教は一神教であって、この日本列島では神様がいたるところに居る。家も都市も、それらの国とまったく異なっている。

産業革命以来、インフラストラクチァーが世界共通になったおかげで、他国と変わらないと思う人も多いと感じるが、少なくとも住居は全く異なっている。その詳細は稿を改めねばならないが、「奥への見えない軸線がつくる空間意識」というような話となるだろう。

持統と呪術

古代では現代の科学的知識があるわけでもなく、生活の基盤が異なっていたのである。「古代人は、呪術を用いて、獲物の増加や豊作を祈った。さらに、病気を呪術によって治そうとしたり、政敵を呪い殺そうとした。あるいは、合戦の勝敗も、呪術によって決められると考えられる場合もあった。」（『すぐわかる日本の呪術の歴史』）

呪術は仏教と前後して伝えられた。陰陽五行説が日本に伝わったのは五一三年に百済から五経博士が派遣された時であるとされている。

天武天皇が陰陽道の「式《ちく》」を用いて、呪術で壬申の乱（六七二年）の戦いを占ったことが『日本書紀』にみえる。天武の皇后は持統であるから、彼女がその呪術を会得しても不思議はない。

先の『黄泉の王』によれば、持統の吉野行幸の異常性がみえる。吉野は飛鳥の南で、紀ノ川の上流にある宮滝の地とされる。

持統は三十一回も吉野へ行った。彼女は何のために吉野に行ったのであろう。吉野には斉明《さいめい》帝（在位六五五―六六一）の時以来、離宮《とつみや》があり、そこは当時の貴族にとって、一つの別世界であった。吉野こそは神仙境《しんせんきょう》、そこで人間はあらゆる日常的労苦を忘れて、神仙とたわむれることができる。（中略）毎年数回にわたる持統の異常なる吉野参りは、単なる遊びだけでは説明出来ない。私は持統帝は、吉野へ神になりに行ったのではないかと思う。（『黄泉の王』）

持統は六八六年天武の崩御の後すぐに、姉の子であって、天武の子、甥の大津皇子を謀反の罪で殺害している。みずからの子の草壁皇子を皇太子とするためであった。

「持統天皇の執拗なる血の意思」（『黄泉の王』）は父である天智の意思でもあるようにおもう。天智は舒明の第一子とされているようだが、どちらにしても、王権を継ぐ権利がなかったのであろう。

乙巳の変が古人大兄皇子殺害のクーデターであれば、持統には同じ意思を感じざるをえない。持統は天智の負った罪と二重の苦悩を背負ったのではないか。天智の負った罪をも鎮めなければならなかった。高松塚は、確かに、怨霊として扱っているが、壁画や副葬品をみると、何か愛情を感じるのである。

それは、夢殿の救世観音像のように、頭に大きな釘を打ち込む仕業とは異なっている。やはり血縁者を葬る扱いである。

そこから、高松塚は持統によって築造されたとかんがえるわけだが、年代は六九〇年頃、草壁皇子が亡くなる前後となるであろう。それは歴史学者が別の理由で推定する年代に同じである。

高松塚を造る人びとには持統の「こころ」を伝えることはなかったのであろう。したがって、壁画の男女群像が「出行図」の雰囲気となってもしかたなかった。

また、男女群像の南へ行く素振りが神仙思想によるものであるなら、それはまさに「出行図」なのかもしれない。歴史学者達の考える黄泉の国への従者もよいが、怨霊は生きているわけで、どちらにしても、被葬者の世話をする女官や舎人とする方が自然のようにおもう。黄泉の国への従者なら、他の古墳にも壁画がなければならないが、それはないようで、歴史家の論理は崩れている。

乙巳の変の事件から四五年ほど経って、高松塚が造られたが、そこまで、どこに墓があったのだろうか。御破裂山の南に舒明が一時的に葬られたとあるように、御破裂山の北に崇峻の墓がある。

崇峻は蘇我馬子に殺害されるが、宮殿も倉梯《くらはし》となっていて、山の中であり、まったく存在感がない。その崇峻という大王が古人大兄皇子の即位した天皇名のような気がする。『日本書紀』は実際に起きたことを記事にしているとおもう。すべて創作することは不可能に近いわけで、「事実は小説より奇なり」とされるように、その方がリアリティがある。「いつ・誰が」を変更するだけでよく、「蘇我馬子（中大兄皇子）が崇峻大王を五九二年（六四五年）に殺害した」ことのように、名と順序を少し入れ替えればよいだけである。

この推理が正しければ、崇峻の陵には骨がないことになるが。別に、妻子らの骨があるかも知れない。前述するように、高松塚の人骨に朱が塗られていた痕跡から、古人大兄皇子は再葬されたと判断している。

怨霊となる条件

高松塚は「土地の人にとっても特別な意味をもった古墳であった。（中略）なぜかこの古墳だけ神として祭られていたのである。この古墳は古宮《ふるみや》と称せられ、字上平田《あざかみひらた》に住む共通に橘《たちばな》の紋をもつ九軒の家の人によって代々祭られてきたという。」（『黄泉の王』）

高松塚は神であって、怨霊の条件をそなえているのである。また、橘の紋は橘寺に通じるわけで、その寺を造った人物と関係があるとわかる。

梅原の論理は「法隆寺西院伽藍の再建や夢殿の創建には怨霊の祟りへの恐れというものが作用し、その建築やいたるところにある舎利瓶のデザイン、仏像や塑像の異様さや聖霊会の儀式にそれが表れている。」というもので、そのことはよく理解できる。

しかし、その論理は歴史学者や考古学者には通用しないようなのだ。そのようであるなら、彼らは夢殿と高松塚が若草伽藍の軸線で結ばれている事実をどのように説明するのであろうか。

夢殿や救世観音像は明らかに高松塚を意識している。怨霊から逃れるために夢殿を建て、救世観音像を造らせたのである。その異常さは他に説明がつかない。

そして、そこからは、ひとかけらの愛情を感じない仕業であって、ただ逃れるための呪術にすぎないのだ。

わたしは高松塚が斑鳩宮や夢殿に関係していることがわかった以上、その人物を特定できることが確実になったとおもう。

その怨霊は誰なのか。そして、その怨霊を恐れている人物は誰なのかということである。特に梅原の論理では怨霊は聖徳太子一族ということであった。

その論理に従えば、高松塚が斑鳩宮や夢殿に関係しているわけで、六四三年に山背大兄皇子一家殺害が斑鳩宮で行われたと『日本書紀』に書かれていることから、高松塚の被葬者は山背大兄皇子ということになり、実行したのは蘇我入鹿であり、彼はその報いで暗殺された。

確かに、聖徳太子の子・山背大兄皇子は政治的に失脚して、妻子も殺害されたのであるから、怨霊の資格はあるだろう。だが、その論理では、怨霊を恐れる人はいないのである。入鹿は殺害され、蘇我一族は滅亡したのであるから、その理由では、高松塚を造る人はいなくなってしまう。

「聖なるゾーン」に眠る高松塚を造れるのは、血縁者に限るであろう。それは現代の墓でも同様である。そして、六四三年は乙巳の変に近く、「いつ・誰が」を変更したのである。逆に建築物が焼失した事実は変更できなかったということである。

聖徳太子の子・山背大兄皇子は舒明の子・皇太子の古人大兄皇子と置き換えられる。事件の当事者の一族は蘇我も聖徳も一瞬にして滅亡する。出現も突然だが、滅亡も早かった。

蘇我一族のような、そんな馬鹿な話が、現実として、あるのだろうか。話がうますぎないか。馬子と入鹿も馬鹿の字があてられているが、あたかも、そのために出てきたようで、やはり創作された人物とかんがえる方が自然であろう。

わたしには、そんな話より、高松塚と夢殿が軸線で結ばれている方が、ずっと現実的で、科学的である。

夢殿を建設したのは藤原一族である。七三七年に藤原四兄弟が次々に亡くなったことが原因であった。彼らは誰を恐れたのであろうか。祖父の藤原鎌足が殺害したのは蘇我入鹿である。

蘇我入鹿を恐れたというのであろうか。それなら、高松塚の被葬者は山背大兄皇子ではなく、蘇我入鹿ということになって、大きな矛盾が生じる。だが、「聖なるゾーン」には豪族を葬るわけにはいかない。

『隠された十字架』の梅原の論理では夢殿建設の原因は、山背大兄皇子一家殺害に藤原鎌足が関わっているということになる。梅原もそのように述べている。

わたしは、山背大兄皇子は怨霊となる資格があるとおもうが、聖徳太子は六二一年になくなっており、その聖徳太子を恐れて、持統が六九〇年頃に法隆寺西院伽藍を再建したという論理には疑問を抱くようになった。

その疑問は次のようなものである。持統が西院伽藍を再建したことは確かだが、天智が最も利害のある人物は、舒明の皇太子・古人大兄皇子であって、山背大兄皇子ではない。古人大兄皇子がいなければ、天智が大王になる可能性がでてくる。そのような例は、その後の歴史にくり返されているのではないか。

持統天皇はなにを恐れていたのであろうか。山背大兄皇子殺害に父である天智天皇がかかわっていたのであろうか。また、山背大兄皇子一家殺害に藤原鎌足がかかわっていたのであろうか。

山背大兄皇子殺害に天智と藤原鎌足が関係していたとするしか、梅原には理由がないのである。入鹿は悪人という扱いであるから、怨霊になる資格がないようにおもう。したがって、直接手を下した蘇我入鹿を殺害したヒーローである天智は入鹿や山背大兄の怨霊に祟られないはずである。怨霊を恐れた人々は天智天皇一族と藤原鎌足一族であったが、肝心の怨霊が見当たらない。山背大兄皇子や蘇我入鹿は架空の人物であるとかんがえれば、真実が見えてくる。

わたしは、法隆寺西院伽藍や夢殿や高松塚などの建造物、救世観音像や西院伽藍の塑像や古墳などの異常さは、単なる豪族の殺害というような不明確なものではなく、もっと明確でわかりやすいものであるとおもう。つまり、権力闘争であって、大王を殺害したのである。

結果として、「聖なるゾーン」にあって、耳成山の南北軸線上に葬られた人物に比定されるのは、一人しかいない。おそらく大王位にあった古人大兄皇子である。

怨霊になる資格のある人物はこの古人大兄しかいない。山背大兄皇子は実在したとしても、大王位ではなく、「聖なるゾーン」には葬られないからである。

その他に天武の子・大津皇子など怨霊になる資格のある人物は多いが、彼らは耳成山の南北軸線上に葬られるわけはなく、高松塚の被葬者にはなれない。

怨霊を恐れた人びと

夢殿が七三九年に造られた原因は、七三七年に藤原氏の中心人物がつぎつぎと死んだことによって、高松塚の影響を恐れたことであった。荒れ果てたままになっていた斑鳩宮の跡地に夢殿を建立して、怨霊を鎮めたのである。

それは、六四五年のクーデターにおいて藤原鎌足が斑鳩宮の襲撃を担当したことを表わしているようにおもえる。

板蓋宮では天智が活躍している様子が『日本書紀』にあるわけで、斑鳩宮での事件が藤原氏に重くのしかかっている証拠であろう。そのことが軸線の発見によって明白となった。

藤原不比等の長男武智麻呂《むちまろ》、二男房前《ふささき》、三男宇合《うまかい》、四男麻呂らが死んだことによって、怨霊の祟りと思い七三九年に夢殿を建て、秘仏「救世観音像」をつくって、怨霊封じとしたのであった。

つまり、怨霊の祟りを恐れた藤原家の法隆寺への膨大な寄進によって、建築物を造り、仏像をつくって、蘇りを防いだのである。

かんがえてみれば、怨霊を恐れた人びとは、結局、最後まで生き残った人びとに同じである。持統と藤原一族がそれにあたる。

蘇我一族は稲目を除けば、明らかに悪役であって、怨霊にはなれない。稲目も悪役なら、それはなぜ大臣になったのか、不思議がられるから普通の人であった。

聖徳一族も怨霊になる資格はあるが、その怨霊を恐れる人びと、蘇我一族は滅亡してしまった。それでは、高松塚も西院伽藍も夢殿も造れない。そのことによって、聖徳一族は怨霊ではないとしてよい。

したがって、天智と藤原鎌足のクーデターで死んだ舒明の皇太子・古人大兄皇子が高松塚の被葬者である。その怨霊の祟りが草壁皇子の若い命を奪い、またもや、孫の文武の命を奪おうとしていると持統が思ったのである。

そして、藤原一族の不比等の子、四名がなくなり、残されたものが怨霊の祟りと思っても不思議はない。そこで、夢殿や救世観音像を造り、呪術によって怨霊退散の祈祷をしたのだとおもう。『隠された十字架』の七不思議のひとつ、現在の法隆寺でおこなわれる祭に、行信が始めたといわれる聖霊会がある。その最初の儀式は「蜂起の儀《ほうきぎ》」という名となっている。まさに、クーデターである。その祭りの意味は斑鳩宮で殺害された怨霊の鎮めの儀式ということであろう。他にその儀式が行われる理由があろうか。

さらに、藤原一族は御破裂山の南に多武峰妙楽寺（談山神社）を建て、段ノ塚と板蓋宮の中間に聖林寺を建てたのである。それらの寺院が、なぜそこに存在するのか。軸線以外に説明不可能である。その軸線の意味はその方位に向かって加持祈祷することである。

天智は橘寺の北側に川原寺を建てた。その理由は橘寺や仏頭山が南にあるからであろう。そして、持統は、西院伽藍や高松塚を造ったのである。

以上のことから、怨霊の祟りを恐れた人びとは天智とその子・持統の系統と藤原一族ということになる。その真実を隠すために、『日本書紀』や『古事記』の記載事項ができているのであり、建造物では高松塚、段ノ塚、西院伽藍、夢殿が造られ、救世観音像が秘匿されていたのである。

高松塚の被葬者

結論として、聖徳太子も蘇我氏もいなかったのである。乙巳の変の真実は『古事記』や『日本書紀』ですすめる「高天原・天孫降臨・万世一系というイデオロギー」（『聖徳太子の真実』）とは、とても相容れない。そこで仕方なく考え出した物語が聖徳太子と蘇我氏であった。

天智や天武天皇の父親は舒明大王であるから、舒明は消すわけにいかなかった。舒明の陵は中尾山古墳であり、高松塚は舒明の第一子古人大兄皇子としてよい。それが、敏達から続く耳成山の南北軸線ということであり、古人大兄皇子で終わっているのである。

前述のように、舒明は中尾山古墳から段ノ塚に移動させられたが、天智より持統の仕業とかんがえるほうがよいようにおもう。おそらく、呪術的な理由であろう。

古人大兄皇子は天智によるクーデターで殺害され、その子供たちも斑鳩宮で殺害された。それが持統によって、高松塚と斑鳩宮が結ばれた理由である。その後に藤原一族によって、斑鳩宮の跡地に夢殿や救世観音がつくられ、仏教によって加持祈祷されたのである。

また、耳成山の南北軸線から「隠された大王」は天智の祖父である敏達大王ということになる。

「隠された大王」はどうしてそのようにならなければならないか。疑問を抱く人もいるかとおもうが、倭京を造り、飛鳥寺をはじめとする寺院を建立した敏達の存在はあまりにも大きく、その人物を隠さなければ、乙巳の変の真実を隠せないのが理由であった。

そこには、或る「のぞみ」もかけられているようにおもえる。「蘇我聖徳」という呪文は敏達大王（天皇）にとって「我は聖徳として蘇る」ということである。

天智の子・持統天皇と藤原鎌足の子・藤原不比等が『日本書紀』と『古事記』を編纂したわけで、乙巳の変を隠した当事者であって、歴史から消され、古墳も破壊された大王が彼らにとっての怨霊とならないわけはなく、古人大兄皇子と共に怨霊となって、その後も祟ったのである。それが高松塚の軸線の原因である。

以上のことが、『日本書紀』が若草伽藍を建てた人物や倭京を造った人物はおろか、倭京そのものを隠さねばならなかった理由である。

これらのことは、聖徳太子や蘇我一族の実在性を問うまでもなく、彼らが創作された人物であることを物語っている。

第七章　聖徳太子や蘇我一族の実在性

前述するように、怨霊になった人物と怨霊を恐れた人物に分けた話によって、聖徳太子一族や蘇我一族が存在しなかったとすれば、『日本書紀』の謎が氷解する。

そのことは文献的にも証明できそうだが、わたしなりに大王の在位期間と聖徳太子や蘇我氏の関係性や大王の被葬地などを検証することによって、さらなる証明を試みた。

蘇我馬子と聖徳太子に分割された敏達

大王（天皇）の在位期間と蘇我氏

高松塚と夢殿の軸線より、怨霊となる人物は誰か、また、怨霊を恐れた人物は誰かをかんがえれば、真実がみえてくる。結果として、蘇我一族と聖徳一族は存在しなかったとすれば、疑問が解けた。

そこから、逆にたどってみよう。『日本書紀』という歴史書を編纂する場合に、なにか不都合を隠ぺいしたいと思ったら、なにができるのだろうか。

乙巳の変が皇太子あるいは大王を殺害するクーデターであったとしたら、その事実をいかに隠ぺいするだろうか。

最も簡単なことは、すべて無かった事とすればよい。しかし、そのようにできなかった。なぜなら、舒明は天智の父であって、消すわけにはいかない。天智がいなければ、持統もいないのであって、それはできない。

そこで、何が隠せて、何が隠せないのかを考えたのであろう。権力者が殺害される、建造物が焼失するなど、事件のあったことは隠せない。一番簡単なのは、ダミーを立てて、別の人物がそのようになったとすればよい。

ただ、その場合は、前後の関係が重要であって、その人物は急に現れることはできず、何代も前から定着させねばならない。しかし、あまり前からでは、煩雑になるだけで難しい。

そこで、（表・9）に大王（天皇）の在位期間と蘇我氏と聖徳太子一族の関係を示すが、彼らの年表を見ると、明確になることがある。

蘇我一族は大王（天皇）の在位期間にほぼ等しい期間に活動している。馬子だけは敏達、用明、崇峻、推古の在位期間にわたっている。

それは、欽明が亡くなる時に蘇我稲目が亡くなる。敏達からはじまって、推古が亡くなる時に蘇

表・9　大王（天皇）の在位期間における聖徳太子と蘇我一族の関係性

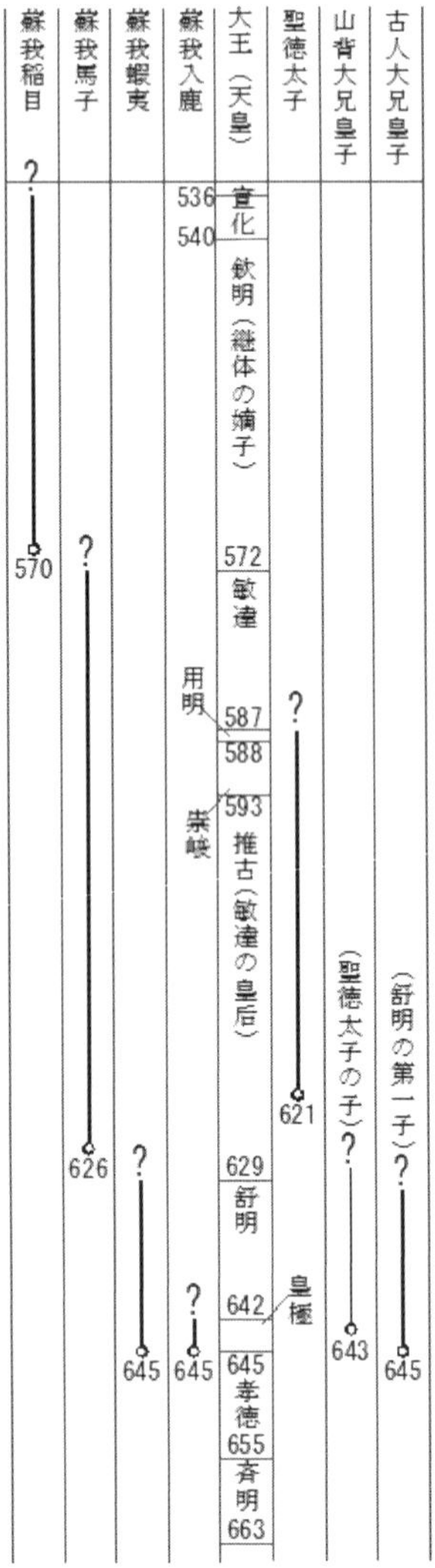

我馬子が死ぬ。また、舒明が亡くなる時に蘇我蝦夷と入鹿が亡くなっている。そして蘇我氏は滅亡している。

確かに、大王が変われば腹心も変わるということはあるかもしれないが、蘇我氏だけ強調されているのも不自然である。

たとえば、欽明の即位当時は、大伴金村大連、物部尾輿大連と蘇我稲目宿禰大臣であったが、敏達の時は物部弓削守屋大連と蘇我馬子宿禰大臣となっている。

稲目の亡くなったことが書かれているので、馬子となったことは理解できるが、物部弓削守屋については元の通りとなっていて、尾輿から弓削守屋に変化していることに言及していない。それは蘇我氏を強調しているということである。

　また、大伴金村は失脚させられて、大伴氏は政治の場から姿を消してしまう。大伴氏の変わりを蘇我氏として、名前を入れ替えたのであろう。

　結果として、大王が亡くなるときに合わせて蘇我氏もなくなるという、偶然が三度もあるのかということである。それは、明らかに、権力者の役割を負ったダミーとなっていることがわかる。

　逆にかんがえれば、権力者のダミーの生きた時期が真実の大王の時間なのかもしれない。それは、欽明（稲目）―敏達（馬子）―舒明（蝦夷）―古人大兄皇子（入鹿）となって、はるかに自然におもわれる。

　それと同じようなことが聖徳一族にもいえる。聖徳太子は用明からはじまって、推古が亡くなる頃に亡くなり、子の山背大兄皇子は舒明や古人大兄と重なる年代を生きている。

　そして、六四二～六四五年までに、蘇我蝦夷・入鹿父子、舒明・古人大兄父子、山背大兄が一挙に亡くなっている。これも、まことに不自然である。

『日本書紀』のなかで、一番に存在感のある蘇我馬子と聖徳太子が敏達や推古の時期に登場していることも注目しなければならない。

　そのことから、誰の業績を消したかったかとすれば、舒明は天智や天武の父とされるわけで、この人物は隠せない。やはり、敏達しかいないだろうとおもう。

敏達が仏教を信じなかったと『日本書紀』が最初に書いているところも不自然な気がする。「文史」を好んだとあるなら、仏教伝来の頃は仏教自体が「文史」ではなかったか。また、在位期間中に百済から仏教寺院の建立技術を輸入していることも矛盾している。また、建築技術の確立の為の保護政策は敏達の時期になされているわけで、全く矛盾する。

『隋書』には、日本では仏教が入ってくるまで文字がなかったとある。仏教自体は、『日本書紀』に書かれるより先に、かなり民間に浸透していたようで、そこから文字の入って来た時期を特定できないが、仏教と「文史」が密接だったことはわかる。

若草伽藍がなぜ二〇度傾いていたか。その謎を追究した結果がそのように語っているのである。したがって、「隠された大王」が敏達であることがわかる。

聖徳太子や蘇我一族の実在性をかんがえるとき、彼らは乙巳の変の真実を隠すために創造された人物像であるとすれば、疑問が氷解する。

その場合、何が問題となるか。実際にできている都市や建築を「いつ・誰が」造ったかということを割り振らねばならない。憲法などの政策も「いつ・誰が」おこなったか割り振る必要がある。

また、それらの人物は「隠された大王」と同時期に活動しなければならない制約が生まれる。それが聖徳太子や山背大兄であり、蘇我一族であった。

これらのことが、「隠された大王」の敏達の業績を二人の人物に分けたとかんがえる基本的な根拠であって、その結果が『日本書紀』であり、若草伽藍などの創建年や造った人物が書かれない理由である。

大王（天皇）の実在性を被葬地から推測する

聖徳太子や蘇我一族の実在性を疑ったことと同様に、大王の実在性もまた疑らねばならない。欽明から六四五年までの大王を敏達—舒明—古人大兄皇子とした場合、用明《ようめい》、崇峻、推古、皇極《こうぎょく》の時期がなくなる。

もうひとつ、敏達、用明、崇峻、推古という彼らの存在感のなさも、疑問を抱く理由である。その証拠として被葬地があやふやなことである。

寺院や古墳という建造物からかんがえてきたわけだが、各大王の被葬地となる位置を比較してみたい。その位置によって、権力者かどうかわかるのではないか。それらを（表・10）に示した。

まず、河内の磯長《しなが》というのは古墳の密集地で、誰の古墳か特定するのは不可能といわれる場所となっている。そこに葬られたのは、敏達、用明、推古、孝徳《こうとく》となっている。

敏達は破壊された古墳の被葬者であって、『日本書紀』において、「隠された大王」は不明確な場所に葬られることになって不思議はない。

孝徳は宮殿も難波であって、皇太子（中大兄皇子）の方が影の権力者のようであまり存在感がな

表・10　天皇（大王）の被葬地（古墳）

天皇名（大王）	被葬地	古墳の推定地
欽明	桧隈坂合陵	明日香村
敏達	磯長陵	南河内郡太子町
用明	磐余池上陵 のち磯長陵	桜井市阿倍磐余池 のち同上
崇峻	倉梯岡陵	桜井市倉橋
推古	竹田皇子陵 のち山田陵	高市郡のち河内磯長
舒明	滑谷岡のち押坂陵	明日香村冬野のち桜井市
皇極（斉明）	小市岡上陵	高取町車木
孝徳	磯長陵	南河内郡太子町

い。また、ひとり静かに難波宮で亡くなったことも不自然なことである。磯長というのは前述のごとく、誰の墓かわからない場所である。用明などはなんのためにいるのか、おそらくそのような人物はいたのであろうが、敏達の時期を埋めるために使われたにすぎないとおもっている。

被葬地がはっきりしているのは、欽明、崇峻、舒明、皇極で、欽明の桧隈坂合陵（梅山古墳）と舒明の押坂陵と皇極（斉明）の小市岡上陵《おちのおかのうえのみささぎ》はほぼ間違いないであろう。

崇峻は御破裂山の北側で、古人大兄皇子の即位した大王名のようにおもえるので、高松塚に移葬される前の墓と推定する。そして、蘇我馬子に殺害させて、用明の次においたのではないか。崇峻が殺害されたことは事実だが、時期と殺害した人物を変更しただけである。

中国隋の使者が来た六〇八年頃は男の大王であり、前述したように、おそらく敏達がその当事者とかんがえられる。

そうであれば、用明、崇峻や推古は敏達の業績を隠すためのダミーであったということになる。推古は敏達の皇后であるから、そのまま敏達を推古とすればよいだけである。ただ、なぜ推古になったのか理由が必要で、そのために用明が組み込まれているとかんがえた。

『隋書』に記載されている倭王「阿毎《あめ》、多利思比孤《たりしひこ》、阿輩雞弥《あほけみ》」は、わたしには「天《あめ》たりし、彦《ひこ》の大君《おおきみ》」と読める。明らかに男だが、敏達の子に彦人大兄皇子《ひこひとのおおえのみこ》がいて舒明の父とされている。敏達という名は後からつけられたものだから、実は「彦人」が敏達の名ではなかったか。敏達から舒明はかなり長期間となっているので、彦人大兄皇子を舒明の父として組み入れているのではないか。『隋書』の「彦の大君」からそのように想像するのだが、事実を述べているということだ。

また、蘇我馬子は敏達から推古まで存在しているわけで、この傀儡の人物が実際の大王の在位期間を表しているのではないかとおもう。

『日本書紀』の「いつ・誰が」は変更されている可能性があるが、実際に起きた事実を書いているのだとおもう。

舒明は天智や天武の父であって、歴史から抹消はしなかった。しかし、敏達の業績は素晴らしく、それを全部書くことは乙巳の変の真実がわかってしまう。そこで、しかたなく敏達の業績を歴史から消したのではないか。

したがって、大野丘北塔、飛鳥寺、若草伽藍、四天王寺、橘寺をすべて蘇我馬子が造ったとも書けない。また、皇太子が絶大な権力を持つことも疑問があり、聖徳太子が造ったとも書けなかったのである。まして、倭京を造ったなどとは、とても書けなかったのである。

その結果が、天武が新しい都市を造ろうとした新城《にいき》（新しい都市）や新益京《あらましのみやこ》（新しく増した京）という表現となったのであろう。それにしても、新城なら古い城《き》（都市）があったはずで、新益京なら古い京があったということである。

それが、元々あった倭京の話となっているのだから、混乱の原因を『日本書紀』がつくっているのである。藤原宮の下から道路の遺跡が発掘されて、やっと、新城や新益京の下に道路が元々あることが認識されてきている。

それは『日本書紀』が真実を書けなかったということである。このように、『日本書紀』を建造物からみれば、別の視点が開けるのであって、それらを造った人物の「こころ」も読むことが可能なのである。

蘇我聖徳―聖徳太子として蘇った敏達

聖徳太子は『日本書紀』の創作である

この項に関しては大山誠一編『日本書紀の謎と聖徳太子』、および、大山誠一編『聖徳太子の真実』などの研究によっている。

その研究成果は「『日本書紀』以前に、聖徳太子を確認できる資料は皆無であった。」ということに尽きる。

つまり、『日本書紀』を参考にして、その少ない記述から、様々な寺社の縁起など、それぞれの作者がイメージを膨らませて、様々な史料がつくられたのである。

わたしは、『日本書紀』の編者がそのことを考慮して記述の量を図ったとかんがえている。『古事記』に厩戸皇子は登場するが、蘇我氏は出現しないことも不思議なことだ。

『古事記』の記述が推古期までだから、その点も意図しているのだろう。『古事記』の担当分野は神話だから、生臭い話は出てこないということである。

聖徳太子は実在しなかったとしたら、なぜ『日本書紀』は聖徳太子を創作したのであろうか。その問いは『聖徳太子の真実』（大山誠一編）においてもなされている。

大山は「聖徳太子の実在性が崩壊すると、彼を支えてきた周辺の事象も解体し、その結果、用明・崇峻・推古らの大王位も消え、記紀とは異なる王朝が出現する。蘇我馬子の王権であるが、」としている。

つまり、その時期は蘇我氏が権力を握っていたとしか、読めないのであろう。『日本書紀』を信用すればそのようになる。確かに、丸山古墳を蘇我稲目の墓と考えれば、蘇我馬子の王権となるのだろう。

乙巳の変後、記紀の編纂が進むなかで、「高天原・天孫降臨・万世一系というイデオロギー」に蘇我馬子の王権は反することになる。

そこで、考え出されたのが聖徳太子であって、「飛鳥の都を構想し、飛鳥寺を建立して仏教文化を築いた」蘇我馬子の業績を「代行すべく用意された」と大山は述べている。

その話は、建造物を主としてかんがえるなら、「飛鳥の都を構想し、飛鳥寺を建立して仏教文化を築いた」のは聖徳太子とすればよかったのではないかとおもう。

せっかく、聖徳太子を登場させたのだから、馬子の代行とすれば、問題なく蘇我馬子の政権は目立たなくなる。なぜそのようにしなかったのであろうか。それは、変えられないとでも言うのであろうか。

しかし、『日本書紀』は倭京（飛鳥の都）や若草伽藍、四天王寺や橘寺を誰が造ったか、明確にしていない。大山の論理なら、なぜ聖徳太子の業績にしなかったのであろうか。『書紀』の編者の自由になるのではないか。

やはり、高松塚の軸線の事実からは、そのようにかんがえられるわけもなく、聖徳太子一族と蘇我一族は『日本書紀』の創作としてよいとおもう。聖徳太子一族と蘇我一族はセットなのである。この結論に至った時、『日本書紀』の謎はすべて解けたようにおもう。それらは『法隆寺コード』であった。

結果として、敏達の業績をかんがえるとき、聖徳太子として蘇らすことを図ったのではないか。血のつながった人々によって、敏達を聖徳太子として蘇らせたのである。「蘇我聖徳」ということである。その点では、確実に成功しているだろう。『日本書紀』の編者の人の心を操る力量を感じるのである。

しかし、敏達の業績は消えて、古墳まで破壊されたのである。こんな侮辱はないであろう。特に、中心性に強い関心を抱いていた大王であって、仏教を奨励し、倭京という都市を造り、遣隋使を派遣し、その隋から使者がやってきたのである。

その業績が消されたのだ。敏達の怒りは骨髄まで達していることであろう。怨霊となる資格は十分にあり、天智一族や藤原一族が最も恐れる理由となっている。

特に、主要な軸線に配された藤原一族の寺院は御破裂山の南にある妙楽寺（談山神社）や舒明の中尾山古墳と段ノ塚の間にある聖林寺などがあり、夢殿が最大の異様な寺院となっている。

聖徳太子として蘇った敏達

前述しているように、「蘇我聖徳」という文字の組み合わせは、偶然にしては出来過ぎている。そして、聖徳太子への信仰は絶大となっている。そのことをかんがえ合せると、実際に、聖徳太子のような人は存在したのだとおもう。

わたしは、『日本書紀』を嘘だらけの書とは思っていない。現実に起きたことを書いていることは確かであろう。

ただ、「いつ・誰が」ということは変えている部分はある。エピソードも故事からとっているところもあるのだろう。それは、『日本書紀』が意図するようになされているのであって、当事者の書く歴史書というものはそのようなものである。

建造物をみれば、飛鳥寺、若草伽藍、四天王寺、橘寺という、一連の中心性の強い伽藍配置の寺院は日本には少ない。また、それらの寺院は、ほぼ同時期に建立されている。

仏教導入に際して、それらの寺院は忠実にその精神を反映した建築となっているとみてよいだろう。なぜなら、他国にみられる寺院は、中心性の強い伽藍配置であって、その仏教が日常的に生活に溶け込んでいる。

仏教を信仰する地域はだんだん少なくなっているなか、タイ王国はいまも仏教を信じている国だが、日本における仏教とは異なっている。

その違いの簡単な話をすると、日常の挨拶において、手を前で合わせて祈られると、こちらは成仏しているのかと、ギョッとする。タイの人はこちらの幸福を願っているのだが、その挨拶の仕方の違いが仏教の違いに現れている。

手を合わせて祈ることの差が、日本の仏教が死と結びついていったことの現れであって、成仏といった言葉を発明したことに特徴がある。生の部分は神道、死と墓が仏教というように分化してしまった。そのように急激に変化したとおもう。

それが、伽藍配置に現れている。法隆寺西院伽藍の配置がそれだが、飛鳥寺から一〇〇年も経たないうちに変化して行った。それは中心性を排除したことであった。

門を入って、中央に見るのは空洞部分である。その先に見えるのは講堂だが、その建物は目立つような大きさではなく、背景に過ぎない。

どうしてそのように変化したのか。それがわたしの本来の研究テーマとなっているのだが、縄文時代の生活空間は山地や高台であった。そこは定住が可能な平和な土地であったようだ。

それから弥生時代となる稲作が導入されて、大規模に稲作をするために平地に下りて来た。平地からの視点で今まで住んでいた山地や高台を見たときに、そこが「奥の空間」となったとおもう。

その山地や高台は祖霊の地であったことから、「奥」が重要な空間となったとかんがえている。これは日本列島人にとって特殊な空間意識となっている。「奥の空間」とは、住宅でいえば奥座敷とか奥庭となるのであろう。

したがって、「奥へどうぞ」という常套句が、最も重要な客をもてなす最初の言葉になっているのである。西院伽藍もまた、中央を空洞にすることによって、空白を表し「奥への空間意識」を表現している。日本列島人の持つ美学が「余白の美」であることの理由のひとつが以上のようなことである。

飛鳥寺、若草伽藍、四天王寺、橘寺は明らかに「奥の空間」とは異なる中心性を強調した寺院であることがわかったが、それは仏教導入に際して、忠実にその精神を表わしたものとなっている。それらの寺院が続いて創建され、橘寺は不明だが他の寺院はその軒丸瓦も同じ木型から製作されているという事実から、欽明の子・敏達が建てたという結論が導かれる。

それが若草伽藍と欽明陵とされる梅山古墳が二〇度の軸線で結ばれている理由であるわけで、それらの寺院は連続性がある。なぜそのようにしたのかをかんがえる時、六〇八年に隋の使者を迎えるためであったとおもうのである。

その敏達が『日本書紀』で「隠された大王」になっている。その理由は前述しているが、その大王を蘇らせるひとつの呪術が「蘇我聖徳」という呪文のような気がしてならない。

蘇我氏はいなかった

蘇我氏の存在を示す『日本書紀』以前の資料はない

『謎の豪族蘇我氏』（水谷千秋著）の著者も述べるように、蘇我氏の実在性を示す材料はほとんどないに等しいのであって、実在性を示す史料は皆無となっている。根拠とする『公卿補任《くぎょうぶにん》』『紀氏《きし》家牒《かちょう》』『古語拾遺』は平安時代の成立で証拠とはならない。

水谷によれば「蘇我氏の実像はいまだ霧の中に隠れて見えないところも多い。その出目《しゅつじ》に関しても渡来人説あり、葛城氏の後裔であるとする説がある。」となっていて、研究者にとってもその存在証明は困難であり、聖徳太子同様、蘇我氏の存在を示す『日本書紀』以前の資料は出典しない。『謎の豪族　蘇我氏』は蘇我氏を肯定しているのであって、わたしの論を押すものではない。詳細は直接それらを読んで欲しいが、蘇我氏の系図は『公卿補任』などによれば、次のようになっている。

武内宿禰《たけうちのすくね》―蘇我石河宿禰―蘇我満智―韓子―高麗―稲目

ただし、これらの系譜は平安時代のものであるから、全面的に信が置けるかどうかはわからない。このなかにみえる名前のうち、「高麗《こま》」は『記・紀』いずれにも見えない。しかし『紀氏《きし》家牒《かちょう》』

（平安初期成立）を参照すると、「馬背《うませ》」の別名としてこの名前が記されている。この「高麗（馬背）」の子が稲目とされているのである。このように、稲目以前の蘇我氏は『記・紀』にはわずかしか登場せず、きわめて影が薄い。

以上のごとく、歴史家にとっても蘇我氏の実在性を示すのは容易ではないようである。また、出目もそうだが、その台頭も明らかではない。欽明の前の宣化《せんか》大王の即位に際して、蘇我稲目宿禰が大臣として登場する。大伴金村と物部麁鹿火《あらかい》が大連となっている時期である。

大伴氏と物部氏には実体があるが、蘇我氏は謎に包まれているのである。「このときなぜ稲目が大臣に抜擢されたのか、文献は直接は何も語っていない。」（『謎の豪族　蘇我氏』）のである。

子供のころからおもうことだが、乙巳の変の話は面白くてわかりやすい。蘇我氏の名前をみればわかるように、稲目はともかく、馬子とか蝦夷、入鹿など、もう少しふさわしい名前はなかったのかとおもう。

悪役の最初と最後は「馬鹿」ということであって、蘇我一族の話は人をくった呪術のようなことではないかとおもう。

また、蘇我入鹿の弟は『日本書紀』によれば、物部大臣とよばれ、祖母は物部守屋の妹（馬子の妻）でその財力で権勢を張ったと書かれている。入鹿が暗殺される直前の話である。蘇我氏の財力がなかったとしたいのであろうか。

また、この話は『日本書紀』に載っているにもかかわらず、研究者は話題にも取り上げない。入鹿の弟の姓名は物部となっているわけだから、物部氏や大伴氏を参考にして、クーデター活劇である「乙巳の変物語」の人物設定をしていると『日本書紀』自身が告白しているようなものである。

かんがえられるのは、入鹿殺害後に、『日本書記』という歴史書に実名の出ている関係者の一族に影響が及ばないようにする配慮であって、蘇我一族は完全に滅んだという意味であろう。

蘇我氏の出目と系図

蘇我氏の実在性は証明不可能のようだ。加藤謙吉による『大和の豪族と渡来人』においても、そのようである。加藤は存在を否定しているわけではない。

蘇我石川宿禰―満智―韓子―高麗（馬背）―稲目

右のような系図を『記・紀』『姓氏録』『公卿補任』『紀氏家牒』『蘇我石川両氏系図』を参照してまとめるわけだが、

「石川宿禰から高麗までの四代は嫡系的な父子関係だけが知られるだけで、兄弟関係などはまったく不明であるが、稲目より後の系譜は、各世代ごとに兄弟・姉妹関係にある人物群の存在が確認でき、系譜が詳細で、現実性を帯びている。換言すれば、石川宿禰から高麗までの四代の系譜は単純で、非現実的ということになる」（『大和の豪族と渡来人』）と述べている。

また、石川宿禰は『日本書紀』の編者の創りだした人物のようで、「石川宿禰には蘇我氏の始祖としてのオリジナリティが認められず、実在性に疑問が持たれる。」とあり、満智も韓子も高麗に関しても、その実在性が疑問視されている。（『大和の豪族と渡来人』）

そのようでありながら、なぜ実在が信じられているのであろうか。歴史家の水谷や加藤にしても、稲目以前が問題であって、それ以降に関しては何の問題点もないようである。それは『日本書紀』を肯定しているからであって、それを否定したら研究にもならない。

わたしもその点は同様で、特に建造物に関して、完成しているものが『日本書紀』の記述に該当すれば信用できる。しかし、「いつ・誰が」に対しては疑ってかかるようにしてきた。

それが、蘇我馬子が建てたとする大野丘北塔や飛鳥寺であって、あまりにもシンボリックな建築を大臣である馬子が建てたとすることが信じられないのである。

大野丘北塔は耳成山の南北軸線を強調するためであり、飛鳥寺は若草伽藍などの一連の寺院の総本山のようにみえる。

つまり、それらは「聖なるゾーン」の内にあって、大臣クラスの割り込む場所ではない。大王（天皇）の造る建造物である。場所と建築がそのように教えている。

そのようにかんがえるのは、若草伽藍の二〇度の軸線が欽明陵の西側の祭壇に至るのを発見したからであって、それらの建造物の構築が可能となるのは、大王であり、欽明の子孫である敏達しかいない。仏教寺院と古墳が結びつくなら、死後の安寧が祈られているわけで、敏達が欽明の菩提を弔うことに他ならない。

そのようであるなら、蘇我馬子は傀儡であって、敏達の業績を隠すために用意されたのである。おそらく馬子の君臨した時期がそのまま「隠された大王」が君臨した時期であるのだろう。

蘇我氏の系図はどこかの氏族の名前を借りればよいだけで、その人物は二重に存在していたのである。本人と書類上に存在するような、前述した入鹿の弟が物部姓であったように、そのようにすればよいのである。

馬子の桃原墓

蘇我氏の存在を信じている人は、蘇我馬子の桃原墓《ももはらのはか》（石舞台）はどうなのかと質問するだろう。飛鳥寺の近くにあるのだが、わたしも中学の修学旅行で見学した記憶がある。

石舞台は明治時代に畑の中に大石が露出していたものを発掘して、蘇我馬子の墓としたもので、墓誌はなく証拠はない。ただ、墓は七世紀前半のものとされ、馬子の死亡時期に合致している。

結局のところ『日本書紀』の記述を頼りに馬子の墓と断定しただけで、それが馬子の墓だという証拠はなく、死亡時期が一致しても何の根拠にもならない。

わたしは、前述しているように『日本書紀』の建造物などの実物や遺跡はあるが、「いつ・誰が」ということは疑っている。

馬子が死んだのは六二六年で、『日本書紀』の成立が七二〇年頃となっていて、その間は約一〇〇年ある。『書紀』の編者が桃原にあるどこかの豪族の墓を少し壊して、蘇我馬子の桃原墓とすればよいことで、アリバイ工作はいくらでも可能である。

特に墓には墓誌がないわけで、証拠立てるものがなにもない。「隠された大王」の古墳を破壊している人物なら、アリバイ工作をやりかねない。

おそらく、怨霊など呪術的に葬った場合やその場所に強い思いが残っている場合に限って軸線を使ったのではないか。通常の死であれば、周辺より高い山に向けて葬っているようにおもう。

その場合でも、その場所に意味があることには変わりなく、一族の居住地から離れることはなかったのではないか。遠ければ墓参りもできず、現在でもそれはかわらないようにおもう。

入鹿の首塚

現在の飛鳥寺と甘樫丘のあいだの田畑の中に入鹿の首塚なるものがある。言い伝えによれば鎌倉時代頃からあるそうで、これはまったくの想像だが、わたしは高松塚と関係しているように想像する。なぜなら、高松塚には人骨はあるが、首だけがないからである。

鎌倉時代に盗掘にあった高松塚は、ほとんどなにも盗まれていないようにおもえる。そこで、その盗掘者は高松塚の壁画を見て驚いたはずで、誰の墓かと考えたはずである。

盗掘者は古墳に詳しく、盗掘の情報収集で『日本書紀』を読んでいたのだろうとかんがえるわけだが。鬼の俎・雪隠の古墳は破壊されて無く、耳成山南北軸線上の古墳が中尾山古墳と高松塚の二基であって、中尾山には火葬骨を入れる小さな石槨があったはずである。

蘇我入鹿の首塚

そこで乙巳の変で殺害された蘇我父子の墓であると。中尾山古墳が甘樫丘の館で自決し、館が焼失した蝦夷の墓と考えたのではなかろうか。また、その南にある高松塚が入鹿と考えても不思議はない。それだけ、『日本書紀』は蘇我一族の実力があるように書かれているということであろう。

盗掘者は、悪人同士のよしみというものがあるかどうか、わからないが、入鹿に同情したのではないか。そこで首を盗んで、呪いの絵画である日輪や四神を壊したとかんがえる。

首塚は祖父（馬子）が建てた飛鳥寺と父（蝦夷）の館があった甘樫丘のあいだにあり、そこでも軸線を意識しているわけで、飛鳥寺と甘樫丘を結んで立ててある。見事に『日本書紀』の記述通りとなっている。盗掘者の心理をかんがえると。四神は呪いの絵画であり、石室内の状況については、盗掘者しか知り得ないわけで、そこから持ち出したかったのではないか。

そうでなければ、入鹿の首塚の頭蓋骨は元々どこにあったのか。墓誌のない墓で、そこに納められている首がどうして入鹿のものと知り得たか。入鹿の墓があったとして、首だけ持ってくる必要がないようにおもうのだ。つまり、首のあった呪いの絵画のあるような場所に置いておけないと思ったので、持ち出したのである。

また、盗掘された鎌倉時代と同じく、首塚は鎌倉時代様式の五輪塔となっている。盗掘と首塚の造られた時代が一致しているという事実から、高松塚の盗掘者しか、その位置に首塚を造れないとかんがえた。

盗掘者にも、高松塚は他の古墳に比較して異様であったのだろう。その謎を解いた結果、入鹿に違いないと推測したとおもえる。歴史学者にも、そのように考える人も存在するわけで、なにも不思議な話ではない。

『日本書紀』の乙巳の変の記述は、たいへん面白くできていて、疑う人はいないのだが、当事者による歴史書であることに変わりはない。軸線が示すように蘇我氏はいなかったのであるから、そのような結論とならざるをえない。

したがって、入鹿の首塚のなかに頭蓋骨があるのなら、それは高松塚の被葬者の古人大兄皇子の首ではないかと想像する。可能なら、首塚の骨を鑑定すれば高松塚に血液型やＤＮＡが一致するかもしれない。そうであれば、そこにおいてはいけない首となる。どちらにしても、まったくの想像にすぎないのだが。

「乙巳の変」の真実

乙巳の変は大王を殺害したクーデターであった

天智天皇一族と藤原鎌足一族が同時に恐れる怨霊は、『日本書紀』を信じるならば、乙巳の変で起きたこととしかない。その事件の真実は何かということに辿りつく。殺害したのは蘇我入鹿ではないとかんがえればよい。

『日本書紀』の「いつ・誰が」という点は疑っているが、建築などの事実は本当にあったこととおもっている。そのような視点でみればわかりやすい。

六四三年に斑鳩宮で聖徳太子の子である山背大兄皇子一家殺害事件があって、斑鳩宮は焼けた。斑鳩宮が焼けた事実は曲げられないが、「いつ・誰が」は変えられるのである。その二年後に乙巳の変がおこり、蘇我入鹿が暗殺され、甘樫丘にあった蘇我蝦夷の館も焼け、蝦夷は自殺した。

甘樫丘東麓遺跡の発掘があり、焼失した建物を検出していることから、甘樫丘の館ではないかと考えられているが、それは規模も小さく他の建物であった。おそらく、蝦夷の館はないであろう。

わたしは、焼失したのは飛鳥板蓋宮ではないかとかんがえるようになった。板蓋宮の焼失は六五五年とされているが、例によって時間をずらしたのではとかんがえている。

中尾山古墳と段ノ塚を結ぶ軸線の途中に板蓋宮があることから、そのようにかんがえるわけだが、舒明の最後は蝦夷と同じようであったのではないか。

つまり、法隆寺の聖霊会の最初の儀式が「蜂起の儀」であるように、六四五年の乙巳の変で斑鳩宮と板蓋宮が襲撃によって焼け、殺害されたのは斑鳩宮で古人大兄皇子とその子供たち、そして、板蓋宮で舒明大王（天皇）が自決した。とかんがえれば、『日本書紀』のすべての謎がとける。

したがって、想像の先にあるのは、古人大兄皇子が大王位を継いでいたのではないかということである。その即位名は崇峻ではないか。それによって崇峻が殺害されたことは事実となり、時間と加害者を変更しただけとなる。

乙巳の変が起きた理由は、よくあることで、天智天皇には大王位を継ぐ目はなかったのであり、藤原鎌足には権力を手中にする第一歩であった。

聖徳太子一族も蘇我一族もいなかったのである。存在したのはそれらを合体した人物であり、「隠された大王」であり、「鬼の俎、鬼の雪隠遺跡」の破壊された古墳に眠っていた人物である。

『日本書紀』のなかで、一番面白い部分は乙巳の変であろう。そこにトリックがあった。「聖徳」と「蘇我」という文字からして創作である。その編者にはひとつの願いがあった。「我聖徳蘇」と文字の順序を入れ替えるだけで、「我は聖徳として蘇る」と読める。「隠された大王」を聖徳太子として蘇らせようと、仕組んだ結果が蘇我氏であり、聖徳太子であった。「あいまいな寺=法隆寺」も、その物語の中で必要不可欠な要素で、現実に存在する建築であった。

つまり、「隠された大王」の業績を二人に分けたのである。そのようにすれば、業績は残るが人物は消せる。政治や戦や土木建築物などの荒仕事は蘇我氏で、十七条の憲法や仏教の教義などの清い部分を聖徳太子に負担させた。そのようにすれば、あきらかに聖徳太子の人気は高まるであろう。そのようにかんがえれば、なにもかも説明がつく。中大兄皇子のちの天智天皇と藤原鎌足が殺害した人物は少なくとも舒明大王の第一子「古人大兄皇子」が即位したあとで、皇極の時代が大王であった時期とかんがえられる。

暗殺現場にいた人物は、首謀者を除けば天智の母の皇極大王と古人大兄皇子だけである。まさか、現場にいて逃げ出した人物が、本当は殺害されていたと、誰も思わないだろう。そのように編者が考えても不思議はない。

その後、古人大兄皇子は出家したが、結局、乙巳の変の年に謀反を起こしたとして、殺害されている。大王として殺されたのと、出家した身とでは意味はまったく異なる。

高松塚は大王（天皇）の墓である。古人大兄皇子は少なくともその資格があり、非業の死をとげた人物で、怨霊となる資格は十分にある。その石室の内部にあった玉や鏡や剣は天皇の持ち物であり、その地位を保って葬ってある。

そして、内部の絵画には、身の回りの世話をする従者を配するなど、なにか愛情さえも感じるのである。それは身内で葬ったゆえに生じる哀悼の念からではないか。

さらに、その位置は大王が葬られる「聖なるゾーン」の耳成山の南北軸線上にあるわけで、「安らかに眠ってくれ、その代わりここから出てこないで」という願いを感じる。

それと比較して、夢殿にはその被葬者に対して、救世観音像の光背を頭に釘で止めるなど、愛情を感じない。そのことから、高松塚と夢殿は同時に設けられたのではなく、高松塚が先にあって、その後に夢殿が建設されたのである。

天智天皇の一族によって高松塚は造られた。血のつながりのある人びとによって高松塚は造られたのであり、夢殿はその被葬者とは血のつながりのない人びと、藤原一族によって造られたといえる。

高松塚と夢殿には時間差があり、その時間はどのくらいかということが次の問題であるが、前述するように、呪術的な理由で六九〇年頃に高松塚が造られたとしてよいであろう。

そして、耳成山の南北軸上の古墳は三基であることが、欽明以降、乙巳の変まで大王が三人であったことを示しているようにおもう。蘇我一族の四代が傀儡であって、順に敏達、舒明、古人大兄皇子となっているとかんがえられる。

乙巳の変は『日本書紀』の創作である

乙巳の変の真相はクーデターであった。のちの天智天皇と藤原鎌足が様々な理由によって、皇太子あるいは大王を殺害し政策を変更したのである。

天智天皇以前は遣隋使や遣唐使を送って中国との密接な関係を築いてきたが、天智の政策で大きなものは、百済救援で朝鮮半島の白村江に出兵して唐との戦をすることであった。百済救援は失敗に終わったが、天智の意志は通った。クーデターはそのような理由で起こされるものだ。

その事実を隠した歴史書が『日本書紀』であるが、高松塚と夢殿を結ぶ二〇度の軸線の発見によって、白日の下に晒されることになった。

それは、乙巳の変というクーデターで殺害されて怨霊となった人物を恐れる人びとによって、高松塚や夢殿が造られたことを指し示していた。

そのことから、怨霊を恐れる人びとと怨霊となった人物の関係性を解明することによって、高松塚の被葬者を特定することができた。

明らかに、最後まで生き残った人びと、天智一族と藤原一族が怨霊を恐れているわけで、聖徳太子一族と蘇我一族が存在しなかったことにすれば、乙巳の変の真相がみえてきたのである。

そのようにかんがえれば、すべての謎が解消される。それによって「法隆寺コード」の絡んだ糸もほどけたようにおもう。

乙巳の変は舒明や古人大兄皇子殺害の政治的クーデターであった。その事実を隠すために聖徳太子一族と蘇我一族を創作したのであり、敏達大王の業績を彼らに分割したのである。

その結果が『日本書紀』や『古事記』であり、記載内容が調整されていることによって、法隆寺の西院伽藍と若草伽藍が不明確となった。そして、夢殿の救世観音像の異様な有様があるのである。

前述するように、聖徳太子の存在を否定する研究も進んでいて、歴史家の大山誠一による『聖徳太子の真実』には聖徳太子の実在性否定の代わりに出現するのは「蘇我馬子の王権である」とある。『日本書紀』を信ずるなら、そのようにしか、考えられないのであろう。

たしかに耳成山の南北軸の古墳は現状では二基しかない、中尾山古墳を蘇我蝦夷、高松塚を蘇我入鹿とすれば、高松塚の異様さも理解できる。高松塚の盗掘者もそのように推理した可能性がある。

ただしそれらは、梅山古墳の欽明陵の東西軸とは無関係であり、二〇度の軸線とも関係がないわけで、仏教とつながる軸線がその論理を否定している。

高松塚の盗掘者のようなことも含めて、高松塚の被葬者は山背大兄皇子や蘇我入鹿ということもかんがえられて矛盾する。だがそれらを合わせた人物とすればよいのではとおもった。

わたしは「隠された大王」の業績（土木建築物や十七条の憲法など）を隠せるわけもなく、聖徳太子と蘇我馬子に分割したとかんがえる。

『古事記』で神話を語り、『日本書紀』で歴史を語ることを考えつく人物（藤原不比等）は、同じ思考をするようにおもう。

そのようにかんがえれば、大王あるいは皇太子の殺害を山背大兄皇子が斑鳩宮で殺害され、蘇我蝦夷や入鹿が乙巳の変で殺害されたことに分割したのである。乙巳の変の真実は少なくとも皇太子か即位をした大王を殺害したことだとかんがえている。

敏達の業績をなぜに隠さなければならなかったのであろうか。敏達の業績はあまりにも素晴らしく、次の大王の舒明や皇太子の死の真相は、敏達から隠さなければ明らかになってしまうのである。それで仕方なく、敏達を隠さねばならなかったが、業績は隠せない。そこで聖徳太子と蘇我一族に分割したというのが真相であろう。

建造物には人間の意思や感情が込められている。そのことを頼りに、古代の謎を追ってきた。古墳に墓誌がない理由は、言霊を信じて、文字というものを信用していなかったのかもしれない。そのかわりに、古墳の位置や形態や軸線に意味を込めたとかんがえるようになった。

その結果、高松塚やキトラ古墳の被葬者を特定できたのではないかとおもっている。それは怨霊などの話と重なるかもしれないが、実施されたものは呪術的な方位や形態となっている。それなら、科学的に分析できる。位置や形態の意味をかんがえて来た人間なら可能である。

古墳の位置には意味があり、その形態にも人間の意思と感情が込められている。現代の建造物も同じだが、その分量を計ることができれば、建設に時間と労力のかかる分だけ、はるかに古代のほうが多いとおもう。

第八章　永遠なる法隆寺

現存する世界最古の木造建築である法隆寺は、永遠に生き続けることを、その誕生した時から使命として負わされている。それには聖徳太子を蘇らせて、守っていくことであり、その伏蔵の宝物もそのために用意されているのであろう。

それは実行され、天変地異に耐えて、これまで一三〇〇年のあいだ生きてきたことは奇跡に近いが、それには理由があったのである。しかし、これからが問題となる。もうすでに最初の役目は終わっているのだ。

金堂の三体の本尊

『隠された十字架』の七不思議のなかに、伏蔵や金堂の仏像が三体あることが不思議のひとつになっている。一つのお寺に本尊が三体あることは珍しいと梅原は指摘している。

金堂は間口《まぐち》五間で内陣は三間であり、三間の中央に釈迦三尊像、右側に薬師如来、左側が阿弥陀如来となっている。建築的には間口五間で内陣は三間ということで、何も珍しいことではない。通常の寺にある本尊級の仏像が三体あることが異常ということである。

しかし、ここに至っては何も不思議なことでもないようにおもえる。敏達、舒明、古人大兄（崇峻）を祀るとすれば、三体でなければならない。阿弥陀如来は盗難にあったが、鎌倉時代に再度造り直されたようで、三体にこだわっていることがわかる。

西院伽藍がなぜに建てられたかをかんがえる時、本尊は三体でなければならない。おそらく、仏像の名前などは、祀る側にはあまり問題ではなく、その有様の方が問題ではなかったかとおもう。

中央にある釈迦三尊像（写真参照）は釈迦と左右の脇侍《わきじ》で構成されている。脇侍について『聖徳太子伝私記』で「脇士二躰薬王、薬上共に手に玉を持つ」とされ、薬王菩薩と薬上菩薩共に玉を持っていることが特徴とされている。

それに対して梅原は「釈迦如来の脇侍は、ふつう文殊、普賢菩薩であり」、また、釈迦如来と薬師如来の衣服は中国の天子のものである（長広敏雄『雲崗石窟に於ける仏像の服制について』）としている。

つまり、釈迦如来と薬師如来は同じ坐像で手の形（印相）も同じで衣服も同じなのである。それは同じ仏像ということである。仏像の名前が違うのだから、別の仏像とおもうが、うりふたつなのはなぜか。当然ながら、それらの仏像は親子であって、同じ大王であるから、違ってはならない。

釈迦三尊像

阿弥陀三尊像（橘夫人念持仏）

そのようにかんがえれば、説明がつく。

金堂の中央に存在する釈迦三尊像の脇侍が共に玉を持っていることも、仏像の名前こそ違うが、同じ仏像のようにおもえる。同じ大王であるから玉を持たせているのではないか。

そのような仏像が他にもある。写真を参照して欲しいが、藤原不比等の妻・橘三千代の厨子《ずし》に入っている阿弥陀三尊像（伝橘夫人念持仏）もまた、三体とも同じ印相をして、並んでいる。これはかなり珍しいのではないかとおもう。そして、それらは金堂にある釈迦如来と薬師如来と同じ印相ということで、それらは関連があるということである。

本尊が三体あって、印相も同じである。阿弥陀如来は盗難に遭っているので、元の阿弥陀如来が橘三千代の阿弥陀三尊像を大きくしたような形態であったなら、その金堂はかなり無気味な様相であるが、おそらくそのような状態だったのではないか。だから、阿弥陀如来は盗難にあったのかも知れない。

そこから来る想像はひとつしかない。金堂において、それらは三体でなければならない。そして、同じ印相ということは同じ意味を持つ仏像ということである。その印相の意味は不明だが、「通常の如来ではない」ということの証となっていると仏像研究をしている梅原は述べている。

印相について調べてみると、朝鮮半島に同じ印相の飛鳥時代より古い仏像があり、最初に、倭国に輸入された仏像と同じ印相としているのではないか。つまり、敏達の時期に輸入された仏像に同じということであって、建築の意匠も古い様式であり、仏像もまた、古い様式のままを保っている。その意味は、少なくとも、敏達のために施されているとしてよく、三体の中心にいる仏像が敏達なのではないかと想像される。仏教を興隆した大王は敏達であり、西院伽藍で聖徳太子として蘇らせ、鎮魂する必要があったのである。

梅原は金堂にある釈迦三尊像の有様を聖徳太子とその子達とするが、わたしは印相が同じであることにより、同じ地位にいた人物とする理由から、中心に敏達、左右に舒明、古人大兄（崇峻）となっているとかんがえる。

釈迦三尊像もそうだが、それらがなぜ三体であるか。金堂の仏像の有様の説明として、他に説明のつく理由があるのだろうか。橘夫人念持仏もまた同じ印相を持つ三体の仏像となっていることを思えば、三人の大王への鎮魂の意味をもっているとしかおもえない。

わたしの軸線の発見から、以上のごとく述べてきたが、これらの仏像の当初の役目はもうすでに終わっていて、新しい役目となっているようにおもう。怨霊となった菅原道真が天神様になっているように、薬師如来、釈迦如来、阿弥陀如来となった三体の仏像は一三〇〇年のあいだに功徳の高い仏となっているのである。

そのことによって、金堂は本尊が三体もあるありがたいお堂になっていることは確かであろう。また、夢殿もそのようであることに変わりはない。

永遠なる法隆寺

法隆寺の建築を守ってきた宮大工がいる。それは法隆寺が宮大工を育ててきたことを表している。その意味は西院伽藍を永遠に保つ必要があったのである。

つまり、少しのほころびが怨霊の這い出す隙間となるとおもったのではないか。その結果として、法隆寺の建築が一三〇〇年のあいだを生き続けられ、日本において、最高レベルの木造建築を造る技術を残せた原因となったとおもう。そうであれば、まさに執念の力なのである。

伊勢神宮の場合はそれと異なって、二〇年ごとの式年遷宮で、すべてを新しくすることに執念を燃やしているようにみえる。それも伝承に重きを置いているのであって、それが建築に表れている。

法隆寺に代々仕える大工の家に生まれた西岡常一は法隆寺大工とか斑鳩寺工《いかるがじこう》と呼ばれる宮大工である。西岡は棟梁《とうりょう》として、法隆寺の解体修理、法輪寺の三重塔の再建《さいこん》、薬師寺の金堂をはじめ西塔、中門、廻廊などを手がけてきた。

文化功労者となった西岡は一九九五年に亡くなったが、他の寺院を手がけたということは、他の寺院は棟梁となれる大工を育てていないということであり、法隆寺自身がみずからの建築を永続する方法を最初から持っていたことの証《あかし》である。

西岡の家には代々伝わって来た口伝があって、宮大工の修行が深まると共に、彼の哲学になっていったようにみえる。それらは彼の著書『木のいのち　木のこころ』に詳しいが、『日本書紀』から始まって、法隆寺の創建や再建や用材について、次のように述べている。

『日本書紀』に素戔嗚尊《すさのおのみこと》の胸の毛が檜《ひのき》になって、檜は宮殿を造るのによいと書いてあるのだが、「この伝承にしたがって仏の伽藍を檜一筋で造って来たんです。」と西岡は述べる。

また、木の樹齢として、檜の寿命は二五〇〇年から三〇〇〇年、杉なら一〇〇〇年、松は五、六〇〇年となっている。特に檜は生育年数と用材となってからの耐用年数が長く「品のいい檜の香り」で、「檜のよさと、それを生かして使った飛鳥人の知恵の合作」が法隆寺だと言っている。

木の命には二つありますのや。一つは今話した木の命としての樹齢ですな、もう一つは木が用材として生かされてからの耐用年数ですわな。

檜の耐用年数が長いということは法隆寺を例に取ればよくわかりまっしゃろ。法隆寺の創建は西暦六〇七年ごろと思われますが、六七〇年に炎上し、再建されたのは私にはよくわかりませんが、少なくとも六九二年やと考えられます。ということは今から一三〇〇年前には建てられていたことになりますな。

また、飛鳥の工人たちの知恵と工夫を高く評価している。

みんな新しいことが正しいことだと信じていますが、古いことでもいいものはいいんです。

明治以来ですな、経験を信じず、学問を偏重するようになったのは。それは今も変わりませんわ。

しかし、一三〇〇年前に法隆寺を建てた飛鳥の工人の技術に私らは追いつけないんでっせ。飛鳥の人たちはよく考え、木を生かして使っていますわ。耐用年数というのは材になってからの木の命やといいましたが、そこらにばらばらになって転がって、まだ使える木というんではないんでっせ。ちゃんと建造物として生き、その部材としてあの大建造物を支えている木なんですからな。

木の癖を見抜き、それを使うことができ、そのうえ日本の風土をよく理解し、それに耐える建造物を造っているんですからな。風も吹きますし、雨も降る、暑いお日さんに照らされもすれば、雪や霜にも当たっている、そのうえ地震もあって、一〇〇〇年以上建っているんでっせ。その当時は千年というような長い時間を計算したわけやないでっしゃろけど、きちんと造りさえすれば永いこと持つやろと考えたんですな。よくできてまっせ。

『木のいのち　木のこころ』

そのような技術力の高い法隆寺大工を最初から寺に仕えさせて、永遠に建造物が保たれるようにしたということである。結果として宮大工の技術が伝承されてきたわけで、六三四メートルの高さを誇るスカイ・ツリーも「心柱」といって飛鳥の工人の知恵である五重塔を支えてきた技術を使っている。

それらの伝統木造技術が将来も永続して、法隆寺が永遠に生きられるよう願うばかりである。

第二部

「倭京」の軸線

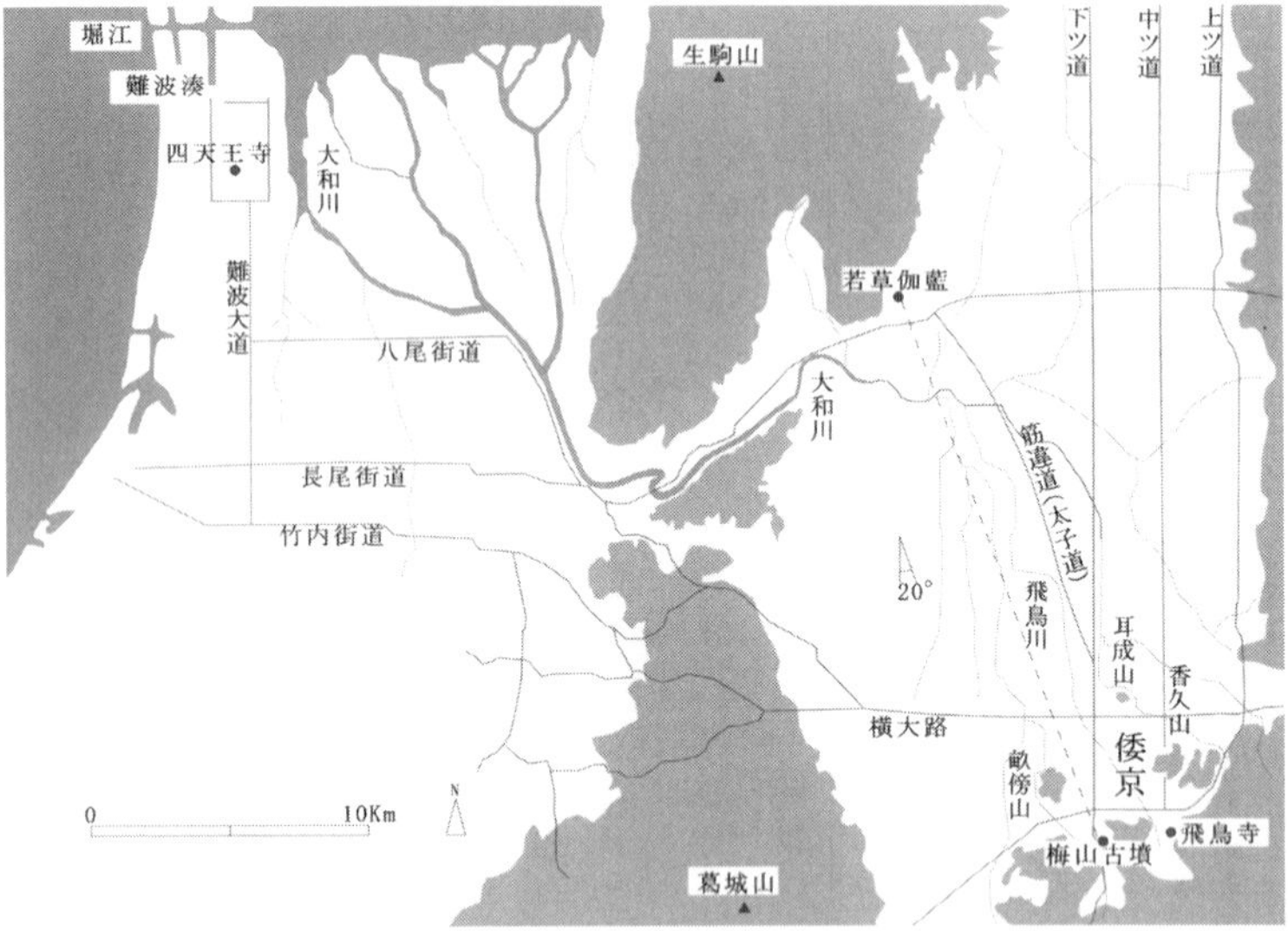

図・22　難波湊・斑鳩・倭京の関係イメージ

（日下雅義著『地形からみた歴史』を参照して新たに描いた）

一、倭京という都市

日本における碁盤目状の道路を持つ古代都市の最初は「いわゆる藤原京」であるとする説が一部の歴史学者から出されて、それが一般的に広まり、現在でも小中高の学校で教えられている。それは『日本書紀』において、六九四年に藤原宮に遷居したと書かれていることが遷都と訳されていることに象徴されている。しかし、それが間違っている可能性が出てきた。

『日本書紀』は遷都ではなく、新益京《あらましのみやこ》としているわけで、平城京が明らかに遷都と『続日本紀』に書かれていることに比較して、大きな差がある。

新益京は字の意味のごとく、新しく増（益）した都市であった。それならば、古い京《みやこ》があるということを示唆している。新益京より古い都市があったということである。

その決定的な理由は、耳成山の南北軸と藤原宮の南北軸の水平距離が新益京の条坊道路間隔の五三〇メートルの四分の一（一三二・五）で、その距離は条坊間の最小道路間隔であって、しかも、その尺度は建築において、六九四年にはすでに使われていなかった高麗尺となっていたことである。

つまりその事実は、耳成山の南北軸を中心としたより古い碁盤目状の道路を持つ都市が存在していたことを示している。

道路一本分の差となる耳成山の南北軸と藤原宮の南北軸では、それらの古墳の被葬者から耳成山の南北軸の方が、古いことが分かっている。そのことから、新益京は中心軸を道路一本分ずらしたと想像できる。

元々の都市（倭京）は、碁盤目状の道路を持った都市であって、古い尺度の高麗尺で測られ、その最小道路の間隔は一三二・五メートルであった。条坊道路という他より幅が広い道路があったかどうかは今後の発掘を待たなければならないが、新益京は中心軸を道路ひとつ分移動させたうえで、藤原宮を造営したとかんがえる。

元々あった道路や運河を埋めて藤原宮を建てたということである。その証拠に藤原宮の下から道路や運河の遺構が出土している。

その元々の都市は、倭京なのだが、誰が造ったのか『日本書紀』は明確に記すことは出来なかった。その理由は敏達の業績が隠されていると、その理由を前述しているのだが、六九四年の新しい京を新益京のようなあいまいな表現でしか記せなかったということである。

わたしは、都市や建築を計画し実際に造った経験から、先行する道路がなければなにもできないとおもう。建設資材の搬入や工事関係者の出入りに支障をきたすわけで、先行して道路をつくり、排水溝を整備してから建築物をつくったのだとおもう。

その道路は碁盤目状に造られていたはずで、そうでなければ、「大野丘北塔」を建てる意味がないからである。つまり、碁盤目とは、どこも共通で中心がない状態で、塔のような中心性の強いものが欲しくなる。

ローマ帝国もその征服地に都市を造ったが、そこでは、碁盤目状に道路を造り、広場や宮殿、城壁や門を象徴的に建造した。征服者とはそのように世界共通の考えを持つようである。

日本列島では都市の城壁や広場は造られなかったが、塔や宮殿は建てたのであり、「隠された大王」の性向は非常に中心性の強い人物であったとかんがえられ、実際そのようになっている。

耳成山と大野丘北塔跡

歴史家や考古学者がどのように考えるかわからないが、五八五年に建てられた「大野丘北塔（和田廃寺跡）」は都市のランドマーク・タワーであったようにおもう。その周辺の発掘で飛鳥寺とおなじ瓦が出土しているようで、時代的には合致している。

わたしは、倭京に欽明大王の頃（五五〇年）から道路はあったとおもうが、完全に整備したのは五八五年に大野丘北塔を建てた時期であろうとおもう。

「大野丘北塔」は『日本書紀』において、初めて「北」を意識した建造物となっている。それは明らかに耳成山と大野丘の間にある都市を考慮しているが、大野丘にはシンボル性がないのであろう。なんらかの中心が欲しかったということである。

もうひとつ、六〇八年頃に倭京があったという完璧な証拠とはいかないが、中国を統一した「隋」の使者が六〇八年に倭京を訪れていることが『隋書』にある。それには「城郭はない」とある。

朝鮮半島に渡れば、ユーラシア大陸の果てのスペインまで、都市を囲む城壁があるのが常識であって、「城郭はない」ことに興味を示したのであろう。逆に道路については、興味はなかったわけで、通常の碁盤目状の道路はあったということである。

ただし、耳成山の南北軸線に朱雀大路のような道路があったかどうかわからない。その都市の中央に宮殿を造らなかったのだから、均一な道路幅だった可能性が高い。また、都市の範囲は、耳成山、畝傍山、香具山の大和三山の内側であったとかんがえられる。それは日本史学者の岸俊男が提唱した範囲であって、その後に拡大されたとおもっている。

二、「いわゆる藤原京」という名の起源

「いわゆる藤原京」という名の都市は、後の歴史家の創作に過ぎないのだが、『日本書紀』がそのようにしむけていることによる。「いわゆる藤原京」以前の都市を誰が造ったのか、語らないことが原因である。前述したように、むしろ、語れなかったというほうが正しいだろう。

本書では、いわゆる藤原京以前の都市を倭京としているが、一般的には次のような認識となっている。

「(藤原京の)発掘調査によれば、本来の地形はもう少し起伏があったらしい。それにそって幾筋もの小川が流れ、散在する沼のあいだに、小区画の水田が広がる景観を呈していたのであろう。天武五年(六七六)、こうした景観を一変させる大がかりな土木工事がはじまる。そして山を削り、谷を埋めて土地造成を行い、側溝を掘削して、縦横に走る道路がつくられていった。天武紀が「新城」と表記する日本初の本格的都城、藤原京(六九四~七一〇年)である。」(小澤毅著『藤原京の成立』)

つまり、日本初の本格的な都城は藤原京だとする見解となっているのだが、それは違うのではないかとおもう。そのことが本書の第二部のテーマである。

わたしは明らかに藤原京以前に碁盤目状の道路を持った都市が存在していたとかんがえる。その証明となる軸線の発見によって、論理が組み立てられるとおもったことから、本書が実現した。

藤原京という言葉は『日本書紀』に登場せず、その編者も新しい都市・藤原京と認識していなかった。それを後世の歴史家が藤原京と名づけたものだから、余計に混乱しているのである。

歴史家は平城宮があるところを平城京、平安宮のあるところを平安京としてきたので、本能的に宮殿名を都市名としたのであって、深い意味はないのであろうが、その混乱する元を『日本書紀』が作っているところまでは読めなかったようだ。

天武天皇の時代の六七六年から新城《にいき》という言葉が出てくる。新城という新しい都市を造ろうと天武が構想したのである。つまり、それまでは「畿内や京」といった言葉で表される京=古い城《き》（新城に対して）の都市があったということである。

しかし、その京を『日本書紀』は曖昧にしている。その理由は第一部で述べているように、敏達の業績を消していることによるのだが、それが混乱する原因である。

ただ、『日本書紀』にしても、藤原京ではなく、「新益京」として、新しく増やした京としているわけで、後世の歴史家より素直な表現となっている。

我々が問わねばならないのは、『日本書紀』が隠した都市、新城や新益京とした、元の都市の「古い城」や京はどのような都市であったかということである。

なぜそのようなことを言うのか。それは「聖なるゾーン」に藤原宮の南北軸線と耳成山の南北軸線が存在するからである。

新益京は藤原宮の南北軸線を中心軸として都市を展開している。碁盤目状の道路（条坊道路）が存在した都市だが、その藤原宮の遺跡のさらに下から道路や運河の遺跡が発掘されている。その事実から、より古い都市が存在していたと確信できるのである。

そして、わたしは前述のように、藤原宮の南北軸線より一〇〇年程古い耳成山の南北軸線があることを発見している。その耳成山の南北軸線を中心軸としていた都市が倭京とかんがえている。

法隆寺西院伽藍の中心軸も中門と伽藍全体と二つの中心軸を持っているように、都市にも二つの中心軸があるようにおもう。その証明が本書のもうひとつの課題でもある。

三、耳成山の南北軸を中心とした倭京

斑鳩から倭京には飛鳥川を遡るか、筋違道（太子道）を行くわけだが、そこは碁盤目状の道路をもった、古代最初の都市であったことが遺跡から判明している。そして、なぜか二つの中心軸線をもつ都市であった。

一般的な中心軸は藤原宮や朱雀大路の中心軸線で、遠く五九キロメートル先の京都山科にある天

智陵から菖蒲池古墳─天武・持統陵─火振山古墳─塚穴古墳とつながる南北軸である。

一般的には「聖なるライン」と呼ばれる軸線だが、それらは「聖なるゾーン」に存在する古墳群ということで、二つの南北軸線に分かれると前述している。

この藤原宮や朱雀大路の中心軸が存在する事実は、天智や天武が崩御した六七一年や六八六年には藤原宮の南北軸がすでに存在し、その都市は正方形か長方形で中心軸のわかる形状であって、おそらく碁盤目状道路を持っていたことを示している。発掘された遺跡もそのようである。

ただし、天智陵の造営は二八年後だから、六七一年は削除せねばならないだろうが、少なくとも六八六年には藤原宮や朱雀大路の中心軸線を意識していたということになる。

ただその時点では、藤原宮は造営されていなかったはずである。やはり、天武が盛んに都市を造ろうとしていた時期で、六七六年頃に新益京の中心軸線は決定していたのではなかろうか。

そして、その中心軸線の決定に関して、なにを基準としたかということだが、それには極めて重要な事実が存在する。

藤原宮の南北軸線と耳成山の南北軸線の水平距離は条坊道路間隔である五三〇メートルの四分の一で、条坊道路間の最少の道路間隔となっている。そして、古い尺度の高麗尺で造られている。

そのことは、当然ながら藤原宮の南北軸線の方が後から設定したものであって、その基準となった条坊道路の最少の道路間隔というものが、最初から存在していたということである。

つまり、［図・15］のような耳成山の南北軸線を中心軸とした条坊道路のある都市・倭京が存在していたのである。その証明が二つの南北軸の水平距離と尺度である。

耳成山の南北軸線が先行して存在していたからこそ、五三〇メートルの四分の一の距離で東側に藤原宮の南北軸線を新たに設定できたのであって、新益京という言葉の意味が、ひとまわり益したという表現となったのである。

また、新益京の南京極から真南へ二条分（一〇六〇メートル）の距離にある天武・持統陵と梅山古墳（鳥居部分）が同じ水平位置にあることも偶然ではなく、それらが時間的に一〇〇年程の差が存在することが証明となっている。

なぜなら、梅山古墳の築造開始時期から条坊道路間隔があったということで、基盤目状の道路を持つ都市が存在したからこそ、藤原宮の南北軸が設定できたのである。

したがって、前述の『藤原京の成立』で述べるごとく六九四年に日本初の本格的都城「いわゆる藤原京」ができたという論理は崩壊し、前述した根拠によって完全に否定されるのである。

発掘によっても、それらは裏づけられる。「藤原宮」の宮殿遺跡の下に先行する道路や運河があったことがわかった（千田稔・金子裕之共編著『飛鳥・藤原京の謎を掘る』）。

また、六八〇年から建立を始めた本薬師寺跡の下部から道路跡が発掘され、四条大路（橿原市四条）とみられる道路では、幅が十四、十六、十八メートルと三種類が発掘されている。（『飛鳥・藤原京の謎を掘る』）

その事実が示すものは、中国の儒教の経典『周礼』に示された碁盤目状の道路をもつ都市が、宮殿に先行して存在していた可能性があるということを示している。問題はその道路を持つ都市がいつ造られたのかということである。

その都市において、宮殿が中央につくられなかったところをみると、宮殿はすでに都市の外に存在していたのであって、飛鳥寺周辺の宮殿遺跡が示すように、中央に宮殿施設のない都市が存在していたと考えられる。

したがって、この都市には中央に宮殿を将来的に設置する考えがなかったことから、『日本書紀』の述べるごとく「藤原宮」を設けるのは六九四年のことであった。元々あった道路や運河を埋めて藤原宮を設けたことは確かである。また、「新益京」とあるように、倭京という都市を拡大したのである。

さらに、都市を造るのに用いられた尺度であるが、倭京は高麗尺といって、一尺が約三五センチほどの寸法が使われていた。

だが、六八〇年頃、建築の造営には唐尺（一尺約三〇センチ）が一般的に用いられていたにもかかわらず、新益京は高麗尺となっているのだ。その意味は唐尺で造れなかったということではないか。倭京が先行してあればそのようにしかならない。

そして、平城京の道路割まで高麗尺で造られて、その完成直後に高麗尺が政府によって使用禁止とされた。それは使いたくない尺度を無理に使ったような意味にとれる。

法隆寺西院伽藍もまた高麗尺で造られていたことは前述しているが、六九〇年頃に他の寺院が唐尺を用いて造営されている時期に、あえて、高麗尺で造ったのである。その尺度が再建・非再建論争の焦点となった。

高麗尺と唐尺の話は、建造物など「ものづくり」の基本的な話である。それが二通りあるなど、センチ（cm）とインチ（inch）のようなものでかんがえられない。そのようにしなければならない理由があったのである。都市においては、高麗尺で造られた碁盤目状の道路が先行してあったことの証明である。

唐尺が入ってきたことは、技術革新であったのであろう。それを使う技術者が多くなったということである。尺度というのは技術者にとっては身についたもので、違う尺度では工事のスピードは半減してしまう。

尺度や倭京の道路間隔の最少単位が五三〇メートルの四分の一であり、耳成山の南北軸と藤原宮の南北軸との水平距離が五三〇メートルの四分の一で一致していることから、藤原宮造営の一〇〇年程前から、倭京に碁盤目状の道路が先行してあったと推測している。ほかにその現象を説明できる理由はないのではないか。

わたしは、歴史をかんがえる時に、都市や建造物の「こころ」を読めば、わかりやすようにおもう。なぜなら、人間の造ったものだから、そこに人間の感情が込められている。

四、倭京を誰が造ったのか

そこで、その元々の都市を誰がいつ造ったか。『日本書紀』が語れない理由を第一部で述べているわけだが、倭京という条坊道路を持つ都市が存在した可能性があることがわかった。新益京にあった四条大路で、三種類の幅の道路が発掘されたことから、一つの幅の道路の存続期間をかんがえると、そう簡単には変化できないのが道路のようにおもう。

なぜなら、現状の首都高速や家の前の道路幅が十数年で変化したかという問題と同じようなものである。政府の権力がいかに強くても、首都高速など幅を変えるのは不可能に近いだろう。利用価値があれば、車のない時代に道路幅を変えることはあまりメリットがないようにおもう。家の前の道路も同様である。

つまり、四条大路の三種類の幅の道路はかなり年月を重ねているのではないか。また、他に幅を変更するほどの特別の理由があるのではないか。そのようにかんがえられる。

前述したように、耳成山の南北軸と藤原宮の南北軸の水平距離が五三〇メートルの四分の一であることは、耳成山の南北軸を中心軸とした条坊道路を持つ都市が一〇〇年程前から先行してあったことを示している。

そして、その都市では最小の道路間隔が同じであり、当然ながら、倭京が先にあったわけで、道路間隔の最少単位は新益京と同じであった。ただ、大路の間隔が異なっていたために、道路幅の異なった遺跡が発掘されるともかんがえられる。

そのような道路を持つ倭京が完成したのは、耳成山の南北軸が設定された時期であったとかんがえられる。

大野丘北塔が五八五年に建てられたが、北に造った塔は、当然ながら耳成山の南側を意識しているはずである。大野丘北塔を建てる意味は、人間の造った都市の中心を示すことであったようにおもう。それは、古代都市もそうであったように、現代でも変わらない構図である。

大野丘北塔は倭京の中心軸であり、ランドマークであって、倭京を造った大王一族が眠る耳成山の南北軸線を表しているとかんがえられる。それが藤原宮の南北軸に受け継がれている。

その場合の倭京の範囲は耳成山や畝傍山、天香具山を越えることはなく、ひとまわり小さかった可能性が高い。

その理由は、耳成山の南北軸と梅山古墳の東西軸の交点を思いつく人物は、耳成山や御破裂山に神聖なものを感じているわけで、その山を越えるという発想をしないのではという考えから出るものである。

これは縄文時代の人びとが墓石を周囲から少しでも高い山の方向へ向けて立てていた風習から類推するもので、日本列島人だけでなく、人間のもっている業《ごう》のようにおもう。

結果として、『日本書紀』の語れなかったことは、条坊道路を持つ倭京を敏達が造り、五八五年に大野丘北塔を建てることによって完成したということであるとおもう。

五、難波湊から斑鳩を通り倭京に至る

「隋」の使者がみた倭国

法隆寺に絡《から》まる謎は二〇度の軸線によって解明されたとかんがえる。

若草伽藍の二〇度の意味は都市デザインであって、当時の貿易港であった難波湊から大和川を遡り生駒山地と葛城山地の分かれ目を抜けると、奈良盆地の斑鳩にでる。その生駒山地からのびる山裾に建ったのが若草伽藍で、二〇度の中心軸線の指し示す方向には倭京があった。

斑鳩は倭京から流れてくる飛鳥川と大和川の合流点であり、筋違道（太子道）が若草伽藍と同じ二〇度の角度で倭京へ向かっていた。また、六〇五年には斑鳩宮がおかれ、聖徳太子が住んだという記事が『日本書紀』にみられる。斑鳩は奈良盆地の中央部に張り出した要衝の地であり、斑鳩宮

手前の大和川と左の山裾に法隆寺を望む。奈良盆地の反対側が見える。
（法隆寺から見ると、現在の倭京方向の眺望は橿原《かしはら》方面にビルが立ち並んで、丸山古墳を見通すことができないが、古代の大和川から眺めれば巨大な丸山古墳や飛鳥寺の塔もみることができたとおもわれる。写真をみても、現在の西院伽藍は200メートルほど奥に建てられているので、塔の一部を望むだけだが、古代の大王の意図を感じるには十分である。）

も建物配置に一五度ほどの傾きがあった。

その斑鳩宮の一五度は意味があったようにおもう。斑鳩宮の中心軸と若草伽藍の二〇度の中心軸の交点には山裾を通る街道や大和川の船着き場があったのではないか。作図をするとそのようであって、それが都市デザインというものである。

若草伽藍は発掘資料から五九〇年ごろに建てられたようで、五九三年に建てられた難波湊の四天王寺と五八八年に建てられた倭京にある飛鳥寺とは一連の建造物であった。

なぜなら、難波湊の四天王寺の中心軸線は南北に向いていて、大和川の流れの方向であり、斑鳩に出ると二〇度の方向に倭京が見えるようになっているからだ。そして、最終地点の飛鳥寺は、若草伽藍とは異なり、十字形をした中心軸線で、塔を中心として北と東と西に三つの金堂、南側に中門を配置したものとなっていた。

つまり、この都市デザインをした人間は中心性向の強い特性をもち、一連の流れをデザインしている男の大王（天皇）で、欽明の子・敏達であるとかんがえる。その推測は『日本書紀』の記述に反するわけだが、わたしの推測を後押しする史料が存在する。

『日本書紀』によれば、飛鳥寺や若草伽藍や四天王寺が建てられた時代は、用明、崇峻、推古の時代であって、特に隋の使者の来た時期は女帝の推古であった。

二度にわたる遣隋使の返礼として、隋の使者の裴世清《はいせいせい》が瀬戸内を航海して難波湊に着いたことは、

『日本書紀』に六〇八年四月とあり、中国の歴史書『隋書』には六〇八年となって確かなようだ。ただ、六〇八年一月に出発したとして、隋の都の大興《たいこう》（陝西省西安市）から三、四ヶ月で到着するのか疑問もある。

倭国の大王にとって、それは大きなイベントではなかったかと思う。中国を統一した超大国「隋」の正式の使者が初めて日本列島に来たのである。

当時の倭国の大王には仏教と儒教やそれにともなう文明を導入して、法を整備して都市を造ってきた自負があったはずである。

倭国の実力を中国の皇帝に認めさせる必要があったからこそ、二度にわたって遣隋使を派遣したのではなかったか。隋は朝鮮半島を侵略しようとしていた時期で、日本列島をうかがう気はあるのか確かめる必要があったかも知れない。その結果として、隋の使者がやってきたとおもう。

そのように想像する根拠は『隋書』に述べられている。隋の皇帝煬帝《ようだい》への倭国の使者の口上と国書の内容が掲載されているのだが、倭国の大王の自信に満ち溢れている様子が伝わってくる。

倭国の使者は次のように口上した。「大海の西方にいる菩薩のような天子は、重ねて仏教を興隆させていると聞きました。それ故に使者を派遣して天子に礼拝をさせ、同時に僧侶数十人を引き連れて仏教を学ばせようと思ったのです。」（訳注『倭国伝』）

また、国書には「太陽が昇る東方の国の天子が、太陽の沈む西方の国の天子に書信を差し上げる。

無事でお変わりないか…」とあって「煬帝はこの国書を見て不機嫌になった」（同前）と書かれている。

いかにも、倭国もかなり仏教を取り入れ、発展しているという自負がみえる。煬帝が不機嫌になったところを書いているのは、中国の歴史書の書かれ方が、隋の後の唐朝によって書かれるという規則によるもので、当事者が書いている『日本書紀』とは性格が異なる。つまり、どちらが信用できるかといえば、第三者の視点を持つ『隋書』のほうであろう。

その『隋書』に記載されている倭王「阿毎《あめ》、多利思比孤《たりしひこ》、阿輩雞弥《あほけみ》」はわたしには「天《あめ》たりし、彦《ひこ》の大君《おおきみ》」と読めるのだが、明らかに男である。六〇八年は女帝の推古大王（天皇）で、皇太子は聖徳太子であり、国書は聖徳太子によるものというのが通説となっている。つまり、わたしの説「男の大王（天皇）」とは異なる。

また、倭王「多利思比孤」は六〇〇年にも遣隋使を派遣しており、情報収集や倭国の状況を伝える必要があったようにおもう。

難波湊から斑鳩を通り倭京に至る

六〇八年の時点で、前述するように倭京には、碁盤目状の道路があったと推測している。また『日本書紀』に書かれている寺院や大王の宮殿やそれに付帯する饗応施設なども整備されていたはずである。

隋の使者が到着した難波湊の光景を想像してみるのだが、そこにはランドマークとしての四天王寺の塔がそびえ、碁盤目状の道路がはしり、いくつかの大郡（政府の饗応施設）など大型建築が整備され、今もかわらず住民が忙しく働いている様子が目に浮かぶ。

当時の難波湊の様子は『地形からみた歴史』（日下雅義著）に詳しいが、外洋との運河（難波堀江）を掘削して港湾施設を造っていたようで、「堀江は五世紀中葉から六世紀のはじめにかけて開かれた可能性が大きい」となっている。

また、飛鳥時代以前の大型倉庫が道路を挟んで並んでいる遺跡も発見されており、六〇八年頃にはかなりの賑わいがあってもおかしくない。また、堀の掘削に比べれば、碁盤目状の道路などわけもないとかんがえられる。

［図・22］のごとく難波湊から奈良盆地への物流は、生駒山地と葛城山地の分かれ目を流れる大和川を遡るのが通常であった。街道も大和川に並走している。山間をぬけて法隆寺若草伽藍のある斑鳩で飛鳥川に移り、さらに遡って、飛鳥寺（法興寺）のある倭京に至る。

その大和川から飛鳥川への分岐点に建つランドマークが斑鳩にある若草伽藍の五重塔であった。その斑鳩から南東方向に飛鳥川と筋違道《すじかいみち》（太子道）が続いている。その角度を二〇度に設定したのが、始まりだったようにおもう。奈良盆地の中央に張り出したような斑鳩は戦略上も重要な拠点であり、斑鳩宮がおかれ、皇太子が住んだことも『日本書紀』からうかがうことができる。

つまり、斑鳩の若草伽藍は倭京への方向転換をうながすランドマークであり、戦略上の拠点であったのだ。

やはり、二〇度という角度は都市デザイン的に決めたのだとおもう。奈良盆地最大の前方後円墳の丸山古墳と、ランドマーク同士を結び付けるアイデアであった。

正確に若草伽藍と梅山古墳が二〇度の軸線で結ばれている事実に驚くのだが、現在の法隆寺より高台の先端に建設した意図は、いまでも十分に伝わってくる。

難波湊の四天王寺と斑鳩の若草伽藍を過ぎて、倭京に至るわけだが、そこには飛鳥寺の塔がそびえ、最終地点のランドマークとなっていたのであろう。

そのような六〇八年頃の光景を様々な資料から想像するわけだが、倭京には強烈なリーダーシップを持った大王がいたことを物語っている。しかし、その大王は「隠された大王」となってしまった。

結果的に、聖徳太子信仰が広くいきわたり、それ自体はよいことである。それは、聖徳太子のイメージがはっきりしないことによって、さまざまに自由に想像が膨らんだ結果なのであろう。『記・紀』の編者が意図したように、「隠された大王」敏達は聖徳太子として蘇ったとかんがえている。まさに蘇我聖徳という呪文であった。

あとがき

　この本の現地調査で奈良に行こうとおもい立ち、二〇一四年の五月下旬に羽田空港から大阪へむかった。大阪から奈良盆地への行程は、飛鳥時代の貿易港だった難波湊の四天王寺を見学して、その港からの舟運としてにぎわった大和川をさかのぼり、法隆寺のある斑鳩に行くことにした。

　あいにく羽田空港から雨が降り続いて、離陸後すぐに雲の上にでたが、三七〇〇メートルほどの高さ一面に雲海となっていた。わずかに、富士山の頂上より下の大沢崩れの残雪が部分的に見えるのみであった。機長のアナウンスにより、大阪地方は小雨だとのことで、上空から奈良を見ることはあきらめていた。

　法隆寺を空からながめようと窓側の席をとったのに、と少々落胆していたが、着陸態勢にはいって高度を下げてきた瞬間に、真下に法隆寺の伽藍が雲間に見えた。かなりくっきりと夢殿まで見えた。偶然のできごとだったが、法隆寺に歓迎されたようで、正直うれしかった。

　そして、昼下がりに法隆寺に到着したときには、からっと晴れあがって、さわやかな風が薫る伽藍を何十年ぶりかで、再び見ることができた。

　その後、キトラ古墳や高松塚のある飛鳥に到着して、丸山古墳など想像していた以上に、その大きさに驚愕し、奈良文化財研究所で資料を収集して、有意義な旅を終えた。

しかしながら、古代の遺跡の研究で、「位置や形状については全く研究されていない」のだなということが明確になった。それは、建築家にとっては許しがたいことであった。

わたしは、高松塚と夢殿などが若草伽藍の軸線で結ばれていることは大発見だとおもったのだが、新聞社などマスコミは無反応であった。その原因はなにかとかんがえたら、位置や形状が研究されていないことに気づいた。それなら、古墳の被葬者がわからなくて当然とおもった。

建築家にとって建造物の計画は、位置や形状を思考した結果であって、その建造物の意味を表しているものだからである。そのために時間と労力をかけてきたのであって、工事関係者も含めて、その努力は古代でも同じであろうとおもうからだ。

古墳には墓誌がないのだから、被葬者の名前を書いてない。それならば、他の方法で被葬者を示しているはずである。

みずからの墓を決めることができる人間は、その世で生きた「証《あかし》」を残したいとおもうのではないか。それを文字ではなく、他の方法でおこなっているのだなとおもった。キトラ古墳の被葬者のように、古代人は粋なことをやるなと感じたのである。

自然の環境を自由に使って、親を弔い菩提寺を建てて、その方向を考えて墓の位置を決めている。

そして、みずからは石室の天井の星座を眺めて、四方を四神や十二神将に守られて永遠の眠りにつくのだ。これほどのことをやってのけている古代人は、現代人よりはるかに雄大である。

高松塚の被葬者はみずから望んだわけではないが、葬った人びとによって手厚く葬られている。やはり四神に見守られ、日月や星座を眺めながら、左右には女官の女性群像が見られ、足元には舎人らがいて不自由がない。死後の世界が不自由がなく、安泰であるように願われているのである。

それらは呪術を施した結果として、位置や形態となって現れている。それならば、物理的な現象であって、研究対象となる。

高松塚と斑鳩宮の距離は約二〇キロメートルある。元はと言えば、若草伽藍の二〇度の傾きが梅山古墳と結んでいることから始まった話だが、古代人の構想力には舌を巻かざるをえない。

本書の結論は思いもかけない展開となった。しかし、法隆寺に絡む軸線の解明が『法隆寺コード』となって、結実したことは、歴史解釈に新しいフィールドを提供したのではないかとおもう。

建造物を計画してきた人間としては、その建造物には様々な思いが込められていることを認識して欲しいという気持ちからであったが、古代からそのようであったのである。

二〇一五年一月

（注）

・文中にある方位や角度について、古代は北極星（真北）を基準として測量していたが、発掘資料なのでは地球の磁北によっているものや真北によるものなどが混じっている。それらは別々の方位であって、一致しないし、磁北は時代によっても変化している。したがって、地図を使う場面では地図上の真北を基準とした。ただ、二〇度の傾きは真北によるものであり、発掘資料に基づくものである。

・古墳の位置について、古墳はある程度の大きさを有するものであって、軸線は当然ながら石室に向かっているとかんがえられるが、古墳と石室の位置関係と方位を示した資料がないものに関しては推測した。

・本書の内容に呪術的な「怨霊」が登場するが、現代にあっては、それらはすべて非合理なものであり、科学によって否定されるものである。十分な科学知識のない人がそのような呪術を信じるが、その人の心が「怨霊」つくるだけで、なにも他には影響はない。ただし、神道や仏教などの寺社で祈り、お願いをすることを否定するものではないことをあらかじめ記しておく。日本列島に住む人々に、その空間的な特殊性を理解していただき、さらにその長所を伸ばすためだけに研究をしているのである。

・引用文への敬称は省略した。

・写真や図表の引用に関して、文中及び写真図版目録に記載した。記載のないものは筆者による。また、写真や図表の転載を禁止する。

追記

本書は目白大学学術書出版助成による刊行である。

また、本書の執筆中に藤ノ木古墳や御坊山古墳群の被葬者についてわかったことがある。それらもまた法隆寺に関係していることが明らかで『続・法隆寺コード』として、世に送り出したい。

最後になったが、本書を出版して下さった三弥井書店の皆様に感謝を申し上げる。

引用文献

『日本書紀』原文
『日本書紀』上下　全現代語訳―宇治谷孟　訳―講談社学術文庫―一九八八年
『人類哲学序説』―梅原猛　著―岩波新書―二〇一三年
『聖徳太子の真実』―大山誠一　編―平凡社―二〇一四年
『日本書紀の謎と聖徳太子』―大山誠一　編―平凡社―二〇一一年
『古事記』上下　全訳注―次田真幸　訳―講談社学術文庫―一九八四年
『謎の豪族　蘇我氏』―水谷千秋　著―文春新書―二〇〇六年
『大和の豪族と渡来人』―加藤謙吉　著―吉川弘文館―二〇〇二年
『続日本紀』上　全現代語訳―宇治谷孟　訳―講談社学術文庫―一九九二年
『隠された十字架』―梅原猛　著―新潮社―一九七二年
『倭国伝』全訳注―藤堂明保、竹田晃、影山輝國　訳―講談社学術文庫―二〇一〇年
『縄文人の世界』―小林達雄　著―朝日選書―一九九六年
『高松塚とキトラ』―来村多加史　著―講談社―二〇〇八年
『家相の科学』―清家清　著―光文社―一九六九年
『文学における原風景』―奥野健男　著―集英社―一九七二年
『間（ま）・日本建築の意匠』―神代雄一郎　著―SD鹿島出版会―一九九九年
『縄文論争』―藤尾慎一郎　著―講談社選書メチエ―二〇〇二年

『高松塚壁画古墳』朝日シンポジウム―末永雅雄、井上光貞　編―朝日新聞社―一九七二年
『日本文明とは何か』―山折哲雄　著―角川ソフィア文庫―二〇一四年
『黄泉の王―私見・高松塚』―梅原猛　著―新潮文庫―一九九〇年
『古代史を解く鍵』―有坂隆道　著―講談社学術文庫―一九九九年
『飛鳥・藤原京の謎を掘る』―千田稔、金子裕之　共編著―二〇〇〇年
『高松塚・キトラ古墳の謎』―山本忠尚　著―吉川弘文館―二〇一〇年
『飛鳥から藤原京へ』―木下正史、佐藤信　編―吉川弘文館―二〇一〇年
収録論文（今尾文昭著『飛鳥・藤原の墳墓』、林部均著『発掘された飛鳥の諸宮』、小澤毅著『藤原京の成立』）
『すぐわかる日本の呪術の歴史』―武光誠　監修―東京美術―二〇〇一年
『木のいのち　木のこころ』―西岡常一、小川三夫、塩野米松　著―新潮文庫―二〇〇五年
『地形からみた歴史』―日下雅義　著―講談社学術文庫―二〇一二年

引用論文・調査資料及び参考調査資料

特別展『キトラ古墳壁画』資料―文化庁、奈良文化財研究所等―朝日新聞社
『日本の都市空間と〈奥〉』―槇文彦　著―『世界』岩波書店―一九七八年
『飛鳥の渡来人と檜隅寺』―木下正史　著
『檜隅寺周辺の調査第一五九次』―奈良文化財研究所
『檜隅寺跡周辺の調査』―明日香村教育委員会

『和田廃寺の調査昭和四九年七~十月』—奈良文化財研究所
『飛鳥・藤原宮発掘調査報告Ⅱ・Ⅲ』—奈良文化財研究所
『藤原宮第一七次の調査右京七条一坊』—奈良文化財研究所
『右京七条一坊・朱雀大路の調査第一六八—九次』—奈良文化財研究所
『左京二条三坊・三条三坊の調査第一七三—一次』—奈良文化財研究所
『部材からみた法隆寺西院伽藍各建造物の建設年代』—清水重敦　著
『法隆寺論争』—『日本建築史学史』—日本建築学会
『甘樫丘東麓遺跡の調査（飛鳥藤原第一七一次調査）記者発表資料』—奈良文化財研究所
『高松塚・キトラ古墳に描かれた壁画』講演要旨—網干善教　著
『高松塚古墳の壁画はどのように描かれたのか』講演要旨—網干善教　著
『最近の明日香地域の成果と課題』講演要旨—網干善教　著
『年輪年代法による法隆寺西院伽藍の年代調査』—光谷拓実・大河内隆之　著
『若草伽藍跡西方の調査』—斑鳩町教育委員会
『畿内における古墳の終末』—白石太一郎　著—国立歴史博物館研究報告—一九八二年

引用写真目録　（@印は公開インターネット情報）

1・高松塚西側壁画　一一〇頁　@文化庁
2・キトラ古墳　一二四頁　奈良文化財研究所
3・高松塚「玄武」　一二八頁　@文化庁
4・キトラ「玄武」　一二八頁　奈良文化財研究所
5・救世観音　一七五頁　@ウィキペディア
6・救世観音光背の釘（部分）　一七五頁　『隠された十字架』新潮社―一九七二年
7・行信　一七六頁　@ウィキペディア
8・釈迦三尊像　二四一頁　@ウィキペディア
9・橘夫人念持仏　二四一頁　@ウィキペディア

引用図版目録
口絵「聖なるライン」―『黄泉の王』新潮社―一九九〇年

著者略歴

野田　正治（のだ・まさはる）
1947年静岡県富士市に生まれる。静岡県立富士高校を経て、1970年東京理科大学工学部建築学科卒業。
設計経歴
東レ株式会社、雨宮建築設計事務所、丹下健三・都市・建築設計研究所を経て、1996年ナウ環境計画研究所を設立し現在に至る。
大学経歴
1996年より東京理科大学工学部建築学科非常勤講師、工学院大学建築学科非常勤講師、芝浦工業大学建築工学科非常勤講師を各数年間務める。
2004年目白大学社会学部社会情報学科特任教授となり現在に至る。
受賞
1998年京都市主催国際設計コンクール「21世紀京都の未来」入賞
1986年乾式防火サイディング設計施行例コンテスト「富士の家」特選
1978年読売新聞主催住宅設計競技入賞
1974年新建築国際住宅設計競技　第1位　吉岡賞
資格
一級建築士
著書
文明のサスティナビリティ（2009年）

法隆寺コード――キトラ・高松塚の軸線

平成27年2月11日　初版発行

定価はカバーに表示してあります。

発行者　吉田栄治
発行所　株式会社 三弥井書店
〒108－0073東京都港区三田3－2－39
電話03－3452－8069
振替00190－8－21125

ISBN978-4-8382-3277-2 C0052
整版　ぷりんてぃあ第二
印刷　シナノ印刷